테마 20 패턴 80 실전 영어회화

2080 실전 영어회화

초판 1쇄 발행 2021년 11월 23일
초판 2쇄 발행 2023년 9월 13일

지은이   박신규
발행인   임충배
홍보/마케팅   양경자
편집   김인숙
디자인   정은진
펴낸곳   도서출판 삼육오(PUB.365)
제작   (주)피앤엠123

출판신고 2014년 4월 3일
등록번호 제406-2014-000035호

경기도 파주시 산남로 183-25
TEL 031-946-3196 / FAX 031-946-3171
홈페이지 www.pub365.co.kr

ISBN 979-11-90101-74-5 13740

거침없이 말하는

20 80 실전 영어회화

테마

패턴

저자 박신규

::::::: Pub.365

현장에서 영어회화를 강의하다 보면 정말 다양한 분들을 만나게 됩니다. 그리고 기초적인 영어회화부터 여행 영어까지 배우고자 하는 내용은 그러한 사람만큼이나 다양하죠. 그런데 말입니다! 늘 질문받은 내용은 똑같습니다.

어떻게 하면 영어회화를 잘할 수 있을까요?

제 대답은 늘 같습니다. 사람과 사람이 서로 대면하며 주고받는 영어회화 상황에 놓이는 것이 최고입니다. 혹시 여러분은 한국어를 어떻게 이렇게 잘할 수 있었는지 스스로 생각해 보신 적이 있나요? 여러분은 매일 누군가를 만나 다양한 주제를 가지고 서로 이야기를 주고받기 위해 지금까지 한국어를 사용해왔습니다. 대화가 길어지면 길어질수록 표현에 숙달되었습니다. 영어도 마찬가지입니다.

독학으로 영어회화를 학습하겠다고요? 말처럼 쉬운 일이 아닙니다. 금방 배운 것도 다 까먹는다고요? 누군가와 대면을 통해 언어를 익혀야 머릿속에 깊게 남게 되는 것이지요. 저는 확신합니다. 영어회화 학습에서 제일 확실한 방법이 바로 대면하는 영어라는 것을요. 이보다 더 좋은 방법은 없습니다.

물론 영어로 대면할 사람이 없으면 홀로 상상하면서 대화를 이끌어가는 것도 한 방법입니다. 다른 누군가와 얘기하듯이 말입니다. 주제를 정해서 스스로 묻고, 그 질문에 대답해 보는 것도 좋습니다. 현장에서 강의하는 저도 그렇게 해봤고, 지금도 그렇게 하고 있습니다. 매일 영어를 모국어로 사용하는 네이티브들을 만나 다양한 주제를 가지고 얘기한다면 그보다 더 좋을 수는 없겠지만 과연 그렇게 생활하는 사람들이 주위에 많을까요? 그렇지 않습니다.

주위에 영어를 사용하는 사람이 없는데도 영어회화를 잘하는 사람이 있습니다. 이런 사람들을 자세히 살펴보면 마치 영어를 모국어로 사용하는 누군가가 내 앞에 있다고 상상하면서 영어로 혼자 중얼중얼 해왔을 겁니다. 마치 어린아이가 그러한 것처럼 말입니다.

이번 책은 현장 경험을 통해서 얻은 지식과 강의 방법을 그대로 책에 실었습니다. 80개의 패턴으로 기초적인 영어회화를 학습할 수 있도록 했고, 20개의 테마를 가지고 한 주제를 좀 더 심도 있게 다룰 수 있도록 집필했습니다. 물론 책의 뼈대는 대면하는 영어라는 점에 주안점을 두었습니다. 어느 UNIT을 먼저 학습한다고 해도 상관없습니다. 기초부터 실력을 쌓겠다면 패턴을 공부하면 되고, 다양한 주제를 먼저 익히고 싶다면 테마를 공부하면 된답니다.

현장에서 영어회화를 강의하는 영어 강사로서 누구보다 더 학습자들의 마음을 잘 알고 있습니다. 영어를 배우는 것은 바로 마라톤을 하는 것과 같은 지루한 싸움입니다. 한순간에 쉽게 쌓아 올릴 수 있는 담이 아닙니다. 천천히 매일 조금씩 학습해 나아가다 보면 어느새 자신의 영어회화 실력이 향상되었다는 사실을 알게 될 겁니다. 포기하지 마시고 늘 영어회화 학습에 전념해 주셨으면 합니다. 그것이 강사로서 가진 제 바람이기도 합니다.

박신규

80 패턴 UNIT

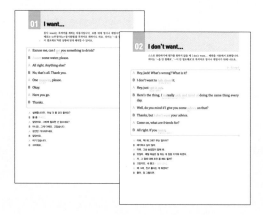

01 80 패턴 UNIT에서는 핵심 패턴을 중심으로 기초적인 영어회화를 학습할 수 있어요. 각 패턴 설명과 대화문을 읽고 원어민 음성 MP3도 함께 들어보세요.

02 각 UNIT 별로 패턴을 활용한 예문과 추가 학습이 이어집니다. 주어진 예문에 활용 가능한 대답들을 배우고 중요한 단어 학습도 놓치지 마세요.

20 테마 UNIT

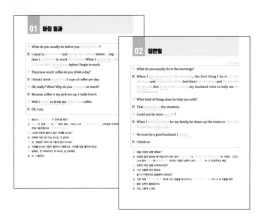

03 20 테마 UNIT에서는 주어진 테마 속 다양한 주제를 깊이 있게 학습해 볼 수 있어요. 먼저 대화문을 읽고 원어민 음성 MP3를 함께 들어보세요.

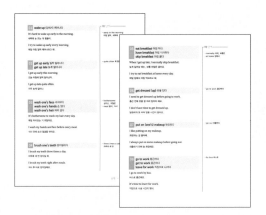

04 각 UNIT 별로 테마를 응용한 10가지의 상황 표현들을 배웁니다. 각 표현들마다 활용 가능한 예문과 중요한 단어 학습도 놓치지 마세요.

목차

UNIT
01

Pattern

: Want

01 I want...

동사 want는 목적어를 취하는 타동사입니다. 보통 뒤에 명사나 대명사가 나오는데요,
때로는 to부정사(to+동사원형)를 목적어로 취하기도 하죠. 의미는 '~을 원해요'지만
'~이 필요해요'처럼 상황에 맞게 해석할 수 있어요.

p_ 01.mp3

A Excuse me, can I get you something to drink?
       갖다 주다, 얻다

B *I want* some water, please.

A All right. Anything else?

B No, that's all. Thank you.

A One moment, please.
          순간, 잠깐

B Okay.

A Here you go.

B Thanks.

A 실례합니다만, 마실 것 좀 갖다 줄까요?

B 물 좀 주세요.

A 알았어요. 그밖에 필요한 건 없으세요?

B 아니요, 그게 다예요. 고맙습니다.

A 잠깐만 기다려주세요.

B 알았어요.

A 여기 있습니다.

B 고마워요.

A What do you want?
원하는 게 뭐예요?

B I want a break.
잠깐의 휴식이 필요해요.

💡 일하다가 힘들면 잠시 쉬면서 차나 커피를 마시게 됩니다. 명사 break는 '(짧은) 휴식'을 뜻해요. 동사 take와 함께 어울려서 take a break처럼 말하는데요, 의미는 '잠깐 쉬다'입니다.

Possible Answers

I want a coffee break.
쉬면서 커피 한 잔 하고 싶어요.

I want to go home and get some sleep. I'm so tired.
집에 가서 잠 좀 자고 싶어요. 너무 피곤해요.

I don't want anything.
아무것도 원치 않아요.

Well, nothing.
글쎄요, 아무것도 없어요.

📖 단어
• get some sleep
  잠 좀 자다
• be tired 피곤하다

A What do you want to have for lunch today?
오늘 점심으로 뭐 먹고 싶어?

B I want some pizza for lunch.
점심으로 피자를 좀 먹고 싶어.

Possible Answers

Well, I feel like eating instant noodles for lunch today.
글쎄, 오늘은 점심으로 라면 먹고 싶어.

I want a large pizza with cheese.
치즈를 얹은 큰 피자를 좀 먹고 싶어.

Honestly, I want to skip lunch today.
실은, 오늘은 점심 거를래.

Let's eat some sandwiches for lunch.
점심으로 샌드위치를 좀 먹자.

• feel like -ing ~하고 싶다
• instant noodles 라면
• honestly 솔직히
• skip lunch 점심을 굶다

스스로 판단하기에 뭔가를 원하지 않을 때 I don't want... 패턴을 사용해서 표현합니다.
의미는 '~을 안 원해요', '~이 안 필요해요'로 목적어로 명사나 대명사가 뒤에 나오죠.

p_ 02.mp3

A Hey, Jack! What's wrong? What is it?

B I don't want to talk about it.
　　　　　　　　　~에 대해 얘기하다

A Hey, just spit it out.
　　　　　　　숨김없이 말하다

B Here's the thing. I'm really sick and tired of doing the same thing every day.
　　　　　　　　　　　　be sick and tired of ~이 지겹다

A Well, do you mind if I give you some advice on that?
　　　　　　　　　　　　　　　　　　　　　　　　충고

B Thanks, but I don't want your advice.

A Come on, what are friends for?

B All right. If you insist.
　　　　　　　　　　주장하다, 고집하다

A 이봐, 잭! 왜 그래? 무슨 일이야?

B 얘기하고 싶지 않아.

A 이봐, 그냥 숨김없이 말해 봐.

B 있잖아. 매일 똑같은 일 하는 게 정말 지겨워 죽겠어.

A 저, 그 점에 대해 조언 좀 해도 될까?

B 고맙지만, 네 충고는 필요 없어.

A 왜 그래, 친구 좋다는 게 뭐겠어?

B 좋아. 정 그렇다면.

A Why don't we have a drink?

우리 술 한 잔 하는 게 어떨까?

B I don't want a drink.

술은 마시고 싶지 않아.

💡 동사로 drink는 '마시다', '술 한 잔 하다'인데요, 명사로 사용되면 '술 한 잔'의 뜻이에요. 숙어로 have a drink는 '술 한 잔 하다'입니다.

Possible Answers

I'd like to. You name the time and place.

좋지. 시간과 장소만 말해봐.

I wish I could, but I can't.

그러고는 싶지만 안 돼.

I'm not in the mood for a drink today.

오늘 술 마시고 싶은 기분이 아냐.

Maybe some other time.

나중에.

A May I help you?

도와드릴까요?

B No, I don't want any help.

아니요, 어떤 도움도 필요 없어요.

Possible Answers

Yes, please. I'm looking for this place.

네, 부탁해요. 이 장소를 찾고 있어요.

How can I find the nearest subway station?

가장 가까운 지하철역을 어떻게 찾죠?

I'm good, thanks.

괜찮아요, 고마워요.

No, thanks. I'm just looking around.

아뇨, 됐어요. 그냥 둘러보는 거예요.

• name 지정하여 말하다
• be not in the mood for
  ~할 기분이 아니다

• look for ~을 찾다
• subway station 지하철역
• look around 둘러보다

I want to...

스스로 하고 싶은 게 있을 때 I want to+동사원형. 패턴으로 말합니다. 동사 want는 목적어를 필요로 하는 동사인데요, 어떤 동작을 하고 싶을 때는 to부정사(to+동사원형)가 바로 목적에 자리에 나와야 하죠. 의미는 '~하고 싶어요'입니다.

p_ 03.mp3

A Oops! It's already 6 o'clock, let's call it a day.
하루 일과를 마치다, 퇴근하다

B Got it.

A Sam, I'm going out for a drink with Cindy. Wanna join?
go out 외출하다

B Well, count me out.

A Why not? Then what are you going to do?

B *I want to* get some sleep. I'm so burned out.
잠 좀 자다   be burned out 완전 지치다

A Okay. Anyway, have a good one.

B Thanks. You too.

A 이런! 벌써 6시네, 오늘은 이만 끝내자.

B 알았어.

A 쌤, 나 신디랑 나가서 술 한 잔 하려고 해. 같이 할래?

B 글쎄, 난 빼줘

A 왜 안 돼? 그럼 뭐 할 건데?

B 좀 자고 *싶어*. 너무 지쳐서 그래.

A 알았어. 어쨌든, 좋은 하루 보내.

B 고마워. 너도.

A Let's take a break. What do you say?
잠시만 쉽시다. 어때요?

B Good. I want to get some fresh air.
좋아요. 바람을 좀 쐬고 싶어요.

💡 일하다가 힘들면 잠시 외출해서 시원한 바람을 쐬게(get some fresh air) 됩니다. 정신이 번쩍 들게 되죠.

Possible Answers

That sounds good.
좋아요.

That's a good idea.
좋은 생각이에요.

Good. How about a cup of coffee?
좋아요. 커피 한 잔 어때요?

I'm afraid I can't. Sorry.
못할 것 같네요. 미안해요.

A What do you want to do after work?
퇴근 후에 뭐하고 싶어요?

B I want to have a drink with my co-workers.
직장 동료들과 술 한 잔 하고 싶어요.

Possible Answers

After leaving the office, I want to watch movies at home.
퇴근 후에, 집에서 영화를 좀 보고 싶어요.

I need to check my schedule first.
우선 내 스케줄을 확인해 봐야겠어요.

I'm supposed to meet some friends.
친구들을 만나기로 되어 있어요.

Well, I can't tell you offhand.
글쎄요. 지금 당장은 말 못하겠어요.

04 I don't want to...

때로는 하고 싶지 않은 일이 생기기 마련입니다. I don't want to+동사원형. 패턴으로
말하면 딱 좋습니다. 의미는 '~하고 싶지 않아요'예요. 적극적으로 자기 의사를 표현
하는 게 필요하죠.

p_ 04.mp3

A Rose! I'm sorry to say this, but... you know, don't get me wrong.

B Don't beat around the bush, just get to the point.
       요점을 회피하다

A Like I said in my text this morning, I don't think I can join you for dinner
   tonight.

B I hear you. No worries.

A Thanks. But tomorrow evening will be fine.

B Oh, yeah? Can you keep your word this time?
                      keep one's word 약속을 지키다

A Of course. *I don't want to* break my word again.
                         break one's word 약속을 어기다

B Well, I'll give you the benefit of the doubt.
         give (someone) the benefit of the doubt ~을 속는 셈 치고 믿다

A 로즈! 이런 말을 하게 되어 미안하지만... 있잖아, 오해는 마.

B 돌려 말하지 말고, 요점만 얘기해 봐.

A 오늘 아침에 문자에서 말했듯이, 오늘 밤 너랑 저녁식사는 못할 것 같아.

B 알았어. 걱정 마.

A 고마워. 하지만 내일 저녁은 괜찮을 거야.

B 오, 그래? 이번에는 약속 지킬 수 있는 거야?

A 물론이지. 다시는 약속을 어기*고 싶지 않아*.

B 응, 속는 셈치고 한 번 믿어 볼게.

A Hey, Sam! What's wrong? Just tell me.
이봐, 샘! 무슨 일이야? 얘기해봐.

B I don't want to spit it out.
툭 터놓고 얘기하고 싶지 않아.

💡 마치 침을 뱉듯이(spit) 마음속에 담은 얘기를 숨김없이 말할 때를 spit it out이라고 합니다. 직역하면 '그것을 밖으로 내뱉다.'이지만 자연스럽게 의역하면 '숨김없이 말하다.'입니다. 때로는 하고 싶은 말을 툭 터놓고 얘기하는 게 좋을 때가 있어요.

Possible Answers

I broke up with Jenny yesterday.
어제 제니랑 헤어졌어.

I failed the exam again.
시험에 또 떨어졌어.

I don't want to talk about it.
얘기하고 싶지 않아.

Well, it's a long story.
글쎄, 얘기하자면 길어.

A Why do you try to exercise every day?
왜 매일 운동하려고 하는 거죠?

B I don't want to get fat.
살찌고 싶지 않아요.

Possible Answers

That's because I want to stay healthy.
건강을 유지하고 싶기 때문이죠.

That's because I need to lose some weight.
살을 좀 빼야 하거든요.

I don't want to get fat anymore.
더 이상 살찌고 싶지 않아서요.

Don't you know why I try to exercise?
내가 왜 운동하려고 하는지 몰라요?

UNIT
02

Pattern

: Need

I need...

필요한 게 있으면 꼭 가지고 싶어지죠. I need... 패턴은 뒤에 명사나 대명사를 목적어로 취할 수 있어요. 의미는 '~이 필요해요'입니다.

p_ 05.mp3

A I'm a little tired, so let's take ten.

B Great. Honestly, *I need* a coffee break right now.
솔직히   지금, 당장

A Okay. Anyway, Jack, what do you usually do when you're free?

B I normally watch movies at home. I'm a movie fanatic. Rosie, do you like
영화광
movies?

A Yes, I especially like romantic comedies. Jack, what kind of movies do you
특히
like?

B I like comedy movies. You know, I love Jim Carey. He's my favorite movie
가장 좋아하는
star. He's so hilarious.
몹시 재미있는, 유쾌한

A Yeah, I couldn't agree more. I think he's so funny. By the way, how often
재미있는
do you go to the movies?

B At least once a week.
적어도

A 좀 피곤해, 그러니 10분 쉬자.

B 좋아. 실은, 지금 쉬면서 커피 한 잔 *해야겠어*.

A 알았어. 아무튼, 잭, 시간 나면 보통 뭐해?

B 보통 집에서 영화를 봐. 나 영화광이거든. 로지, 영화 좋아해?

A 응, 특히 로맨티 코미디를 좋아해. 잭, 어떤 영화를 좋아하는 돼?

B 코미디 영화를 좋아해. 있잖아, 짐 캐리를 너무 좋아하거든. 내가 가장 좋아하는 영화배우야. 너무 웃겨.

A 응, 전적으로 동의해. 그 사람은 정말 재미있는 것 같아. 그런데 말이야, 극장에는 얼마나 자주 가?

B 적어도 일주일에 한 번.

A **What do you need?**
뭐가 필요한 거야?

B **I need a rest.**
휴식이 필요해.

💡 일다하다 졸리거나 피곤하면 하던 일을 멈추고 휴식을 갖게 됩니다. 명사 rest는 '휴식'이라는 뜻으로 break와는 달리 하던 일을 다시 하는 것은 아니에요.

Possible Answers

I need a passport to travel overseas.
해외여행하려면 여권이 필요해.

I need a break.
잠깐의 휴식이 필요해.

I need a new suitcase.
새로운 여행 가방이 필요해요.

I don't need anything.
아무것도 안 필요해.

A **What do you want to have?**
뭘 가지고 싶은 거예요?

B **I need a brand new bag.**
신상 가방이 필요해요.

Possible Answers

I need a new hat.
새로운 모자가 필요해요.

I want to have a new smartphone.
새 스마트폰 갖고 싶어요.

Don't you know what I want to have?
내가 뭘 가지고 싶어 하는지 몰라요?

I don't exactly know what I want.
내가 뭘 원하는지 정확히 모르겠어요.

💬 단어

• travel overseas
해외여행하다
• suitcase 여행 가방

• know 알다
• exactly 정확하게

06 I don't need...

동사 need는 '필요하다'로 뒤에 목적어로 명사나 대명사를 취하기도 합니다. 즉 I don't need... 패턴을 활용해서 스스로 판단하기에 뭔가 필요하지 않다고 느껴질 때 '~이 안 필요해요'의 뜻을 전달할 수 있어요.

p_ 06.mp3

A You look lonely. I think you need a girlfriend.
외로워 보이다

B I'm okay. In fact, *I don't need* a girlfriend.
사실은

A Why not?

B Well, women aren't my thing.

A Oh, really? That's news to me. You're just pulling my leg, right?
pull one's leg ~을 속이다

B No, I mean it.

A All right. I trust you.
믿다

B Thanks.

A 외로워 보여. 여자친가 필요한 것 같아.

B 난 괜찮아. 실은, 여자 친구가 안 필요해.

A 왜?

B 글쎄, 여자랑 거리가 멀거든.

A 오, 정말이야? 금시초문인데. 그냥 농담하는 거지, 맞지?

B 아냐, 진심이야.

A 알았어. 믿어.

B 고마워.

A **Can I help you for a moment?**
잠깐 내가 도와줄까?

B **No, I don't need any help from you.**
아니, 너로부터 어떤 도움도 필요하지 않아.

💡 스스로 할 수 있을 것 같으면 어느 누군가로부터도 도움이 필요하지 않게 되죠. 영어로 any help from you는 '너로부터 어떤 도움'의 뜻이에요.

Possible Answers

Thanks. I could really use your help right now.
고마워. 지금 당장 네 도움이 절실히 필요해.

I think I can handle it on my own.
혼자 처리할 수 있을 것 같아.

I'm good, thanks.
괜찮아, 고마워.

Honestly, I don't want you to help me.
사실은, 네가 날 도와주지 않았으면 해.

A **Is it okay if I lend you some money?**
돈 좀 빌려줘도 될까요?

B **I don't need any money right now.**
지금 당장은 어떤 돈도 필요치 않아요.

Possible Answers

Of course. Thank you.
물론이죠. 고마워요.

How much money do you have?
돈은 얼마나 가지고 있는데요?

I don't want any money from you.
당신으로부터 어떤 돈도 원치 않아요.

Well, I don't need any money right now.
글쎄요, 지금 당장은 어떤 돈도 필요치 않아요.

📘 단어

• for a moment 잠깐 동안
• handle 처리하다
• on one's own
  혼자 힘으로
• honestly 솔직히

• lend 빌려주다
• right now 지금, 당장

07   I need to...

어떤 행동을 취할 필요가 있다고 느껴질 때 I need to+동사원형. 패턴으로 말하는데요,
의미는 '~해야겠어요' 입니다.

p_ 07.mp3

A   Rose? Fancy meeting you here! I haven't seen you in ages.

B   Peter? Is that you? Good to see you. You haven't changed a bit. Where
have you been hiding yourself?

A   It's a long story. Anyway, Rose, I'm going to a restaurant for lunch. I'm
<u>famished</u>. How about having lunch together? It is on me.
famish 굶주리다

B   I wish I could, but I can't. I'm on a diet <u>nowadays</u>.
요즈음

A   Is that true?

B   Of course, it is.

A   Why do you try to <u>go on a diet</u>?
다이어트 시작하다

B   I think I'm a little <u>overweight</u>. That's why *I need to* <u>lose weight</u> for my
과체중인   살 빼다
<u>health</u>.
건강

A   로즈? 여기서 다 만나네! 오랜만이야.

B   피터? 너야? 만나서 반가워. 변한 게 하나도 없네. 대체 어디서 뭐하며 지냈던 거야?

A   말하자면 길어. 아무튼, 로즈, 나 점심 먹으러 식당가고 있어. 배고파 죽을 지경이야. 점심 함께 먹는 게
어때? 내가 쏠게.

B   그러고는 싶지만 못하겠어. 요즘 나 다이어트 중이거든.

A   그게 사실이야?

B   물론이지.

A   왜 다이어트 시작하려고 그러는 거야?

B   좀 과체중인 것 같아. 그 때문에 건강을 위해 살 *빼야 돼*.

A Why are you in such a hurry?

왜 이리 서두르는 거야?

B I need to get to the meeting on time.

정각에 회의에 도착해야 돼.

💡 중요한 회의라면 시간에 맞게 도착하거나 미리 가 있는 게 중요합니다. 비즈니스 상에서는 더욱 그렇죠. 숙어로 get to+장소명사는 '~에 도착하다' 이며 on time은 '정시에', '정각에'라는 뜻이에요.

Possible Answers

I have an important meeting to attend.

참석해야 할 중요한 모임이 있어.

I have to take my little brother to the airport.

공항까지 남동생을 데려다줘야 하거든.

I need to hurry up or I might miss the plane.

나 서둘러야 해. 그렇지 않으면 비행기를 놓칠 수 있어.

That's because I might be a little bit late for a job interview.

면접에 좀 늦을 것 같기 때문이야.

📣 단어

• be in a hurry 서두르다
• attend 참석하다
• miss 그리워하다, 놓치다
• job interview 면접

A What do you need to do?

뭐 해야 돼요?

B I need to exercise every single day.

하루도 빠짐없이 운동해야 해요.

Possible Answers

I need to get back home and do some house chores.

집으로 돌아가서 집안일을 좀 해야겠어요.

I need to leave early tomorrow morning.

내일 아침 일찍 떠나야 해요.

I need to call the Italian restaurant and book a table.

이탈리안 식당에 전화해 자리를 예약해야 해요.

Let me check my schedule first and let you know.

우선 스케줄을 확인해 보고 알려줄게요.

• do some house chores
  집안일을 좀 하다
• leave early 일찍 떠나다
• book a table
  자리를 예약하다
• check one's schedule
  ~의 스케줄을 확인하다

08 I don't need to...

어떤 일을 필요에 의해 마땅히 해야 되는 경우가 있기도 하지만 주위에 돌아가는 상황으로 볼 때 그럴 필요까지는 없다고 판단될 때는 I don't need to+동사원형. 패턴으로 말하면 됩니다. 의미는 '~할 필요가 없어요'입니다.

p_ 08.mp3

A Are you listening to me?

B I'm sorry. Where were we?

A We were just talking about what you have to do for your health. Don't you have to <u>cut down on</u> drinking and smoking?
　　　　　　　　　　　　　　　　　　　　~을 줄이다

B What? What do you mean? *I don't need to* do that.

A Don't you know how <u>harmful</u> they are to your health?
　　　　　　　　　　　　　해로운

B I know, but I can't help it. You know, when I <u>feel too stressed out</u>, I
　　　　　　　　　　　　　　　　　　　　　　　스트레스를 받다
　really need to <u>reduce</u> my stress by at least drinking or smoking.
　　　　　　　　　줄이다

A But Sam, <u>mark my words</u>, or you'll <u>get into trouble</u> someday.
　　　　　　　나의 말을 명심하다　　　　　　곤경에 처하다

B Rosie, thanks for the advice, but it's not your <u>concern</u>.
　　　　　　　　　　　　　　　　　　　　　　　　걱정, 우려

A 내 말 듣고 있는 거야?

B 미안해. 우리 어디까지 얘기했지?

A 건강을 위해 네가 할 일이 뭔지 얘기하고 있었잖아. 술 담배 줄여야 하는 거 아냐?

B 뭐? 무슨 뜻이야? *난* 그럴 *필요까지는 없어*.

A 그것들이 얼마나 건강에 해로운지 몰라?

B 알아, 하지만 어쩔 수가 없어. 있잖아, 스트레스 너무 받을 때, 적어도 음주나 흡연을 통해 스트레스를 정말 줄여야 한단 말이야.

A 하지만 쌤, 내 말 명심해, 그렇지 않으면 언젠가 곤경에 빠지게 될 거야.

B 로지, 충고는 고마운데, 네가 신경 쓸 일이 아냐.

A Aren't you supposed to cancel your flight today?

오늘 비행을 취소해야 되는 거 아냐?

B I don't need to cancel my flight.

항공편을 취소할 필요가 없어.

💡 악천후나 좋지 않은 상황으로 인해 자신의 비행을 취소해야(cancel my flight)만 하는 상황에 부딪칠 수가 있어요.

Possible Answers

Yes, I am. But I think I should think twice.

응. 하지만 다시 생각해 보는 게 좋을 것 같아.

Yes, I am. That's why I have to call the travel agency today.

응. 그래서 오늘 여행사에 전화해야 돼.

No, I'm not. I don't need to do that.

아니. 그럴 필요가 없어.

I want to cancel my flight, but I can't.

비행을 취소하고 싶어, 하지만 그럴 수가 없어.

A Don't you have to wear a suit for the party?

파티에 정장을 입어야 되는 거 아니에요?

B I don't need to dress up for the party.

파티에 정장을 입고 갈 필요가 없어요.

Possible Answers

I think I'll have to.

그래야 할 것 같아요.

I don't think I need to dress up.

정장을 입고 갈 필요가 없을 것 같아요.

I don't have to wear a suit.

정장을 입을 필요가 없어요.

Well, it depends on the situation.

글쎄요, 상황에 따라 달라요.

📧 단어

• think twice
  다시 생각해보다, 재고하다
• travel agency 여행사

• wear a suit 정장을 입다
• depend on
  의존하다, 달렸다
• situation 상황

28 - 29

UNIT
03

Pattern

: Have

09 I have...

자신이 가지고 있는 것을 I have... 패턴으로 말하는데요, 의미는 '~이 있어요'입니다.
즉 사람이나 사물이 동사 have의 목적어 역할을 합니다.

p_ 09.mp3

A Hi, Tony! Where are you headed?

B I'm going to the movies.
　　go to the movies 극장에 가다

A Wow, you're dressed up today. What's the occasion?
　　　　　　　　　　　　　　　　　　　　　　　　　행사, 기회

B *I have* a date with Jenny.

A I guess you have a lot of interest in Jenny, right?
　　　　　　　　　　　　　　　　흥미, 관심

B Exactly. I'm so interested in her. She's my cup of tea. Cindy, do you like
　정확하게　　　be interested in ~에 관심 있다
watching movies?

A No, I don't. I mean, movies are not my thing.

B I see. Anyway, I gotta go. Nice seeing you. Wish me luck.
　　　　　　　　　　　　　　　　　　　　　　　　　　　행운

A 안녕, 토니! 어디 가?

B 극장에 가는 중이야.

A 와, 오늘 근사하게 차려 입었네. 무슨 좋은 일 있어?

B 제니와 데이트*가 있거든*.

A 너 제니에게 관심이 많은 거 같은데, 맞지?

B 당연하지. 그녀에게 관심 많아. 걘 내 타입이거든. 신디, 영화 보는 거 좋아해?

A 아니. 내 말은, 영화는 내 취향이 아냐.

B 그렇구나. 아무튼, 가야겠다. 만나서 반가웠어. 행운을 좀 빌어줘.

A How about having a drink together?

함께 술 한 잔 하는 게 어때?

B I wish I could, but I can't. I have other plans.

그러고는 싶지만 안 돼. 선약이 있어.

💡 좋은 제안을 받아도 미리 잡힌 약속 때문에 어쩔 수 없이 거절해야만 하는
경우가 생깁니다. '선약'을 other plans를 활용해서 I have other plans.
(선약이 있어요)처럼 표현하죠.

Possible Answers

Sounds good.

좋아.

Good. Where shall we meet?

좋아. 어디서 만날까?

I'm afraid I can't. I have other plans.

못할 것 같아. 선약이 있거든.

Well, I gave up drinking a couple of days ago.

글쎄, 며칠 전에 술 끊었어.

A Can you go shopping with me today?

오늘 나랑 쇼핑할 수 있어?

B Yes, I can. I have some free time today.

응. 오늘은 자유 시간이 좀 있어.

Possible Answers

Of course, I can. To be honest, I really love shopping.

물론이지. 솔직히, 난 쇼핑을 정말 좋아해.

Sure, I can. You name the time.

물론 할 수 있어. 시간만 말해.

I'm afraid I can't. I have a hectic schedule today.

못할 것 같아. 오늘은 스케줄이 바빠.

I'm sorry I can't. I'm kind of busy today.

미안한데 못할 것 같아. 오늘은 내가 좀 바쁘거든.

💬 단어

• have a drink
  술 한 잔 하다
• have plans
  선약(약속)이 있다
• give up 포기하다

• go shopping 쇼핑하다
• to be honest 솔직히
• hectic 몹시 바쁜
• kind of 조금은

10 I don't have...

상황에 따라서는 뭔가가 있기도 하고 없기도 합니다. I don't have... 구조는 '~이 없어요'를 말할 때 사용하는 패턴이에요. 자신에게는 없다는 것을 단정 지어서 말하는 거죠.

p_ 10.mp3

A Cindy, what's wrong? Are you all right?

B I'm okay. *I don't have* any underline{problems}. I just want to get some fresh air.
problem 문제   바람을 좀 쐬다

A Then let's take a coffee break. I feel like a coffee now.

B Great, that's what I want. Let's take ten.
10분 쉬다

A Good. By the way, Cindy, when you're stressed out, what do you do to
beat your stress?
beat one's stress 스트레스를 풀다

B It depends on my mood. Sometimes I listen to my favorite music or
favorite 가장 좋아하는
go shopping with some friends. What about you, Mike?

A When I'm stressed out, I always watch TV or movies. It helps me relieve
스트레스를 풀다
stress.

B That's good.

A 신디, 도대체 왜 그래? 괜찮은 거야?

B 괜찮아. 어떤 문제도 없어. 그냥 바람을 좀 쐬고 싶은 것뿐이야.

A 그럼 잠시 쉬면서 커피 한 잔 하자. 지금 커피 한 잔 하고 싶거든.

B 좋아, 내가 바라던 바야. 10분만 쉬자.

A 좋지. 그런데 말이야, 신디, 스트레스 받을 때, 뭐하며 스트레스 풀어?

B 기분에 따라 달라. 때로는 가장 좋아하는 음악을 듣거나 친구들과 쇼핑해. 넌 어때, 마이크?

A 스트레스 받을 때, 난 항상 TV를 시청하거나 영화를 봐. 스트레스 푸는데 도움이 되거든.

B 그거 괜찮네.

A Do you have any brothers or sisters?

형제자매가 있어?

B I don't have any siblings.

어떤 형제자매도 없어.

• little sister 여동생
• only child 외동(딸, 아들)

💡 형제자매가 많아 늘 집안이 시끌벅적하기도 하지만 어떤 형제자매(any siblings) 없는 외동에게는 그저 형제자매가 많다는 그 사실만 가지고도 부러움이 대상이 될 수 있어요.

Possible Answers

I have a little sister, but I don't have any brothers.

여동생은 있지만, 남자형제들은 전혀 없어.

I have two brothers, but I don't have any sisters.

두 명의 남자형제들이 있는데, 여자형제는 전혀 없어.

I have two little sisters.

여동생이 둘이야.

I don't have any bothers or sisters. I'm an only child.

어떤 형제자매도 없어. 난 외동이거든.

A Do you have anything to do today?

오늘 할 일이 있어?

B Well, I don't have anything to do. I'm free today.

음, 어떤 할 일도 없어. 오늘 한가해.

• free 한가한
• check 확인하다
• a lot of 많은
• kind of 조금은

Possible Answers

Well, let me check my schedule first.

글쎄, 우선 스케줄을 확인해 보고.

I have a lot of things to do today.

오늘은 할 일이 많아.

I have nothing to do today.

오늘은 할 일이 없어.

No, I don't. I'm kind of free today.

아니. 오늘은 좀 한가한 편이야.

11 I have to...

어떤 행동을 하던 이유가 있기 마련이에요. 특히 꼭 해야 할 이유가 있을 때 I have to+ 동사원형. 패턴으로 말합니다. '당위성'을 강조하고 싶을 때 사용하죠.

p_ 11.mp3

A When we have lots of things to do, I think time really flies.
   많은

B You're telling me. It sure does.

A Let's call it a day, shall we?
   하루 일과를 마치다, 퇴근하다

B Good.

A Hey, Cindy, can I give you a ride home? I mean, if that's okay, let
   give ~ a ride 차를 태워주다
   me take you home.

B I'm good, thanks.

A Do you have anything else to do?

B *I have to* go to the airport right now.
   지금, 당장

A 우리가 할 일이 많을 때, 시간 정말 빠른 거 같아.
B 맞는 말이야. 정말 그래.
A 오늘은 이만하자, 어때?
B 좋아.
A 이봐, 신디, 집까지 차로 태워다 줄까? 내 말은, 괜찮다면, 집까지 데려다줄게.
B 난 괜찮아, 고마워.
A 다른 할 일이 있어?
B 지금 당장 공항에 가*야 해*.

A What do you have to do in the afternoon?

오후에 뭐해야 돼?

B I have to walk the dog in the park.

공원에서 개를 산책시켜야 해.

💡 숙어로 '개를 산책시키다'를 walk the dog이라고 합니다. 여기에 전치사구 in the park를 넣어 walk the dog in the park이라고 하면 '공원에서 개를 산책시키다'예요.

Possible Answers

I have to see a doctor.

병원에 가봐야 돼.

I think I'll have to take the afternoon off.

반차를 내야 할 것 같아.

Like I said, I have to see a dentist.

얘기했던 것처럼, 치과에 가야 해.

Well, I don't know what to do in the afternoon.

글쎄, 오후에 뭘 해야 할지 모르겠어.

A What are you going to do after office hours?

근무가 끝나고 뭐 할 거예요?

B I have to buy a birthday present for my daughter.

딸 위해 생일 선물을 사야 해요.

Possible Answers

I'm supposed to go out for some dinner with my family.

가족들과 저녁 외식하기로 되어있어요.

I think I'll have to drink to beat my stress.

스트레스 풀기 위해 술 마셔야 할 것 같아요.

I'm going to the bus terminal to pick up my little brother.

남동생 마중 나가러 버스 터미널에 가야 해요.

I don't have any plans yet.

아직은 아무 계획도 없어요.

📖 단어

• in the afternoon 오후에
• see a doctor
  병원에 가다, 진찰을 받다
• see a dentist 치과에 가다

• after office hours
  근무 시간 후
• go out 외출하다
• beat one's stress
  스트레스를 풀다
• pick up 태워주다

12 I don't have to...

스스로 판단하기에 어떤 일을 할 필요가 없다고 느껴지면 I don't have to+동사원형.
패턴으로 말하면 됩니다. '~하면 안 돼요'가 아닌 '~할 필요가 없어요'로 I don't need
to+동사원형.과 같은 뜻이죠.

p_ 12.mp3

A Look who's here! Long time no see.

B Oh, David? What a small world! Fancy seeing you here. Where have you
 좋아하고 즐기다
been these days?

A Well, it's a long story. Anyway, how have you been doing?

B I've been doing well, thanks for asking! By the way, where are you heading?

A I'm going to a new Italian restaurant for dinner. You know, I heard it's worth
 가치 있는
a visit. Sunny, how about joining me for some dinner?

B Cool. Honestly, I skipped lunch, so I'm starving now. Anyway, why don't
 솔직히   skip lunch 점심을 굶다
you call and reserve a seat?
 reserve(=book) a seat 좌석을 예약하다

A *I don't have to* book a seat beforehand. I heard it might not be crowded at
 사전에, 미리
this time of day.

B Oh, yeah? That's good to know.

A 이게 누구야? 오랜만이야.

B 오, 데이비드? 세상 참 좁네! 여기서 만날 줄이야. 최근에 어디 있었던 거야?

A 글쎄, 말하자면 좀 길어. 그건 그렇고, 어떻게 지냈어?

B 잘 지내고 있었지, 물어봐줘서 고마워! 그런데 말이야, 어디 가는 중이야?

A 저녁 먹으러 새로운 이탈리안 레스토랑에 가고 있어. 있잖아, 가볼 만하대. 써니, 함께 저녁 먹는 게 어때?

B 좋아. 실은, 점심을 굶었더니, 지금 너무 배고파. 그건 그렇고, 전화해서 좌석 예약하는 게 어때?

A 미리 좌석을 예약할 *필요가 없어*. 이맘때는 분주하지 않을 거라고 들었거든.

B 오, 그래? 그거 잘됐네.

A Don't you have to see a doctor?

병원에 가야 하는 거 아냐?

B I don't have to go see a doctor.

병원에 갈 필요까지는 없어.

🟦 단어 ────────

• after lunch 점심 식사 후
• work overtime 야근하다

💡 몸이 아프면 병원을 찾는 것은 당연합니다. 숙어로 go see a doctor는 '병원에 가다'예요. '가서 의사를 본다'는 것은 병원에 가서 의사를 만나 진찰을 받는다는 말이에요.

Possible Answers

Yes, I do. I have to see a doctor after lunch.

응. 점심 먹고 병원에 가봐야 돼.

Yes, that's right.

응, 맞아.

I don't want to go to the doctor today.

오늘은 병원에 가고 싶지 않아.

I wish I could, but I have to work overtime today.

그러고는 싫지만, 오늘 야근해야 돼.

A You'll have to leave early, right?

일찍 떠나야 되는 거 맞죠, 그렇죠?

B No, I don't have to leave early.

아니요, 일찍 떠날 필요가 없어요.

• absolutely
  절대적으로, 완전히
• slip one's mind
  깜빡 잊어버리다
• remind 상기시키다

Possible Answers

Absolutely!

맞아요!

How did you know that?

그걸 어떻게 알았어요?

No, I don't need to leave early.

아니요, 일찍 떠날 필요가 없어요.

Oh, it slipped my mind. Thank you for reminding me.

오, 깜빡했네요. 상기시켜줘서 고마워요.

UNIT
04

Pattern

: Like

13 I like...

뭔가 좋아하게 되면 행복한 기분이 듭니다. 동사 like를 써서 I like...이라고 하면 '~을 좋아해요', '~이 마음에 들어요'라는 뜻이에요. 명사나 대명사가 목적어로 나옵니다.

A Hi, Catherine! Come on in. Grab a seat. How's it going?

B I'm good, thanks. And you?

A Couldn't be better. Hey, Catherine, let me ask you something. What do you do in your free time?
in one's free(=spare) time 자유 시간에

B That depends. Sometimes I go shopping alone or listen to music on my smartphone.
혼자 쇼핑하다

A Oh, really? Then what kind of music do you like?

B *I like* pop music. Peter, what about you? What do you normally do in your spare time?
대중음악   대게, 보통은

A In my free time, I just stay home and watch TV. That's all.
집에 머무르다

B Is that it? I thought you liked listening to music.
listen to music 음악을 듣다

A 안녕, 캐서린! 어서 들어와. 앉아. 어떻게 지내?

B 잘 지내, 고마워. 넌 어때?

A 기분 최고야. 이봐, 캐서린, 뭐 좀 물어볼게. 자유 시간에 뭐해?

B 상황에 따라 달라. 가끔은 혼자 쇼핑하거나 스마트폰으로 음악 들어.

A 오, 정말이야? 그러면 어떤 음악을 좋아해?

B *난 대중음악을 좋아해*. 피터, 넌 어때? 여가시간에 보통 뭐하는데?

A 자유 시간에, 그냥 집에 머물면서 TV 시청해. 그게 다야.

B 그게 전부야? 난 네가 음악 듣는 걸 좋아하는 줄 알았어.

A What do you usually do in your free time?

보통 자유 시간에 뭘 해?

B I normally watch movies. I like movies.

보통 영화 봐. 영화를 좋아하거든.

💡 영화(movies)에는 장르가 정말 다양합니다. 공포 영화도 있지만 액션 영화도 있죠. 요즘은 한국 영화도 할리우드 영화만큼 재미있습니다.

Possible Answers

In my spare time, I usually hang out with my children.

자유 시간에, 보통 애들하고 어울려 지내.

In my free time, I just meet some friends.

한가한 시간에, 그냥 친구들을 만나.

I normally work out at the gym in my free time.

자유 시간에 보통 헬스장에서 운동해.

That depends on my mood. I watch movies or go shopping.

기분에 따라 달라. 영화 보거나 쇼핑을 해.

📢 단어

• hang out with
  ~와 어울려 지내다
• work out at the gym
  헬스장에서 운동하다
• depend on
  달려있다, 의지하다

A What kind of food do you like?

어떤 음식을 좋아해?

B I like pizza.

난 피자가 좋아.

Possible Answers

I love spicy cream pasta.

난 매콤한 크림 파스타를 정말 좋아해.

I like seafood.

해산물을 좋아해.

I like Korean food.

한식을 좋아해.

My favorite food is spaghetti. It tastes so great.

내가 가장 좋아하는 음식은 스파게티야. 맛이 너무 좋아.

• seafood 해산물
• favorite 가장 좋아하는
• taste 맛보다

14 I don't like...

마음에 들지도 않고 좋아하지 않는다면 '~을 안 좋아해요'처럼 솔직하게 말하는 게 때로는 좋을 수도 있어요. 영어로는 I don't like... 패턴으로 말합니다. 동사 like 다음에는 좋아하지 않는 대상을 명사나 대명사로 표현할 수 있답니다.

p_ 14.mp3

A Tony, let's take a break for coffee. I'm really getting burned out now, so
다 타버린, 지쳐빠진
I need to get some fresh air.
바람을 좀 쐬다

B Sounds good. By the way, Julie, how was your weekend? Did you have fun?
재미있다

A No, I didn't. To be fair, I didn't even have time to breathe because I had to
숨 쉬다
do a lot of house chores by myself. You know, I couldn't help it.
돕다, 피하다

B Oh, that's too bad.

A It's okay. Tony, what about you? What did you do?

B I went to the movies with my family.

A I see. Honestly, I'm a movie fanatic. I especially love horror movies. Do
솔직히   영화광   특히
you like horror movies?

B *I don't like* horror movies, but I really love romantic comedies.
낭만적인

A 토니, 커피 한 잔 하죠. 지금 너무 지쳤거든요, 그래서 바람을 좀 쐬야겠어요.

B 좋아요. 그런데 말이에요, 줄리, 주말은 어땠어요? 즐거운 시간 보냈나요?

A 아니요. 솔직히 말하면, 혼자서 많은 집안일을 해야만 해서 심지어 숨 쉴 틈 없이 바빴어요. 있잖아요, 어쩔 수가 없었거든요.

B 오, 안됐군요.

A 괜찮아요. 토니, 당신은요? 뭐했어요?

B 가족이랑 영화 보러 갔어요.

A 그렇군요. 솔직히, 전 영화광이에요. 특히 공포영화를 너무 좋아하거든요. 공포영화를 좋아해요?

B 공포 영화를 안 좋아해요, 하지만 로맨틱 코미디를 정말 좋아해요.

A How is your new job?
새 직업은 어때?

B I don't like my job. It's too stressful.
내 일이 마음에 안 들어. 너무 스트레스를 줘.

- stressful 스트레스가 많은
- feel stressed out 스트레스를 받다
- boring 지루한

어렵게 얻은 새 직업이(new job) 내가 생각한 만큼 보람되지 않다면 마음만 아파집니다. 그렇다고 쉽게 그만 둘 수도 없는 일이죠. 이럴 때는 참고 견디는 수밖에 없습니다. 왜냐면 다른 일도 마찬가지일수 있거든요. 참고 견디다 보면 일에 익숙해지고 마음이 한결 편해집니다.

Possible Answers

I love my new job.
새 일이 정말 마음에 들어.

I like it.
좋아.

I don't like it because it makes me feel stressed out.
날 스트레스 받게 만들기 때문에 안 좋아해.

I don't like it. It's too boring.
마음에 안 들어. 너무 지루해.

A Did you change your hairstyle?
머리 스타일 바꿨어?

B Yes, but I don't like my new hairstyle.
응, 하지만 새 머리 스타일이 마음에 안 들어.

- change 바꾸다, 변경하다
- know 알다

Possible Answers

Yes, I did. How do I look?
응. 나 어때 보여?

Of course, I did. I like my new hairstyle.
물론 바꿨지. 난 새 머리 스타일이 마음에 들어.

How did you know I changed my hairstyle?
내가 헤어스타일 바꾼 거 어떻게 알았어?

Sure, I did. Do you like it?
응. 마음에 들어?

15 I like -ing

평소에 좋아하는 일이 있으면 I like -ing. 패턴으로 말해요. '~하는 걸 좋아해요'인데요, like 다음에는 to부정사 (to+동사원형)나 동명사(-ing)가 나옵니다. 동명사로 표현하면 하는 과정에 느끼는 즐거움을 강조하는 거예요.

p_ 15.mp3

A Sorry, I'm late. Have you been <u>waiting long</u>?
　　wait long 오래 기다리다

B No, I just got here myself.

A Good. Cindy, how's it going?

B So far, so good. Thanks. And you?

A Couldn't be better. Anyway, do you like <u>traveling</u>?
　　travel 여행하다

B Yeah, *I especially like* travel*ing* with my family.
　　특히, 두드러지게

A Then have you ever been to Jeju Island before?

B Of course, I have. I went there last month.

　It <u>took my breath away</u>. I think it's worth a <u>revisit</u>.
　　take one's breath away 숨 막힐 듯이 멋지다　　　　　　　재방문

A 늦어서 미안해. 오래 기다렸어?

B 아니, 나도 지금 막 왔어.

A 잘됐다. 신디, 어떻게 지내?

B 아직까지는 괜찮아. 고마워. 넌?

A 너무 좋아. 그건 그렇고, 여행하는 걸 좋아해?

B 응, 특히 가족과 여행*하는 걸 좋아해*.

A 그러면 전에 제주도 가 본 적 있어?

B 물론 가봤지. 지난달에 그곳에 갔어. 정말 멋졌어. 다시 가볼 만한 곳 같아.

A What do you usually do in your spare time?

여가 시간에 주로 뭐해?

B I usually go out. I like taking a walk.

보통 외출해. 산책 하는 걸 좋아하거든.

💡 산책하면서(take a walk) 이런 저런 생각을 하기도 하고 평소에 쌓였던 스트레스를 적절하게 해소하기도 합니다.

Possible Answers

In my free time, I take a walk in the park in my neighborhood.

자유 시간에, 우리 동네에 있는 공원에서 산책해.

In my free time, I just stay home and relax. I like staying home.

자유 시간에, 그냥 집에 머물면서 쉬어. 난 집에 있는 걸 좋아해.

I go to the movies or shop with some friends.

영화보러 가거나 친구들과 쇼핑해.

I go out and exercise in my spare time.

여가 시간에 나가서 운동해.

A What do you like to do on weekends?

주말에 뭘 하는 거 좋아해?

B I like going out for dinner on weekends.

주말에 저녁 외식하는 걸 좋아해.

Possible Answers

I like doing some window shopping on weekends.

주말에 윈도쇼핑하는 걸 좋아해.

I like going to the movies with my family on weekends.

주말에 가족이랑 극장에 가는 걸 좋아해.

I like going hiking with some friends on weekends.

주말에 친구들과 하이킹하는 걸 좋아해.

I like traveling alone every weekend.

주말마다 혼자 여행하는 걸 좋아해.

🔊 단어

- in one's spare(=free) time 한가한 때에
- go out 외출하다
- stay home 집에 머무르다
- go to the movies 극장에 가다

- do some window shopping 윈도쇼핑을 하다
- go hiking 하이킹하다
- travel alone 혼자 여행하다

16 I don't like -ing

좋아하는 것도 있고 좋아하지 않는 것도 있기 마련이에요. 특히 I don't like -ing. 패턴으로 말하면 '~하는 걸 안 좋아해요'의 뜻인데요, 동사 like의 목적어로 to부정사나 동명사가 나오기도 합니다.

A You look concerned. What's on your mind?
우려하는, 신경 쓰는

B I'm thinking about going bungee jumping.

A Really? Do you like to go bungee jumping?

B No, I don't. You know, I'm afraid of heights, so I'm kind of nervous and
be afraid of heights 고소공포증이 있다   초조한
scared. Ashley, what about you? Do you like outdoor sports?
두려워하는   실외 스포츠

A *I don't like* do*ing* outdoor sports.

B You're just saying that, right?

A No, no! I mean it.

B Okay, okay.

A 걱정 있는 것처럼 보여. 무슨 생각해?

B 번지 점프 하는 거 생각 중이야.

A 정말이야? 번지 점프 하는 거 좋아해?

B 아니. 있잖아, 난 고소 공포증이 있거든, 그래서 좀 긴장되고 겁나. 애슐리, 넌 어때? 야외 스포츠 좋아해?

A 야외 스포츠 *하는 걸 안 좋아해.*

B 괜히 하는 소리지, 맞지?

A 아니, 아냐! 진심이야.

B 알았어, 알았어.

A **How about going to a casino tonight?**
오늘 밤 카지노에 가는 게 어때?

B **I don't like gambling at all.**
도박하는 걸 전혀 안 좋아해.

💡 카지노 같은 곳에서 도박하는 것은(gamble)은 좋지 않아요. 몸뿐만 아니라 마음도 황폐해 질 수가 있거든요.

Possible Answers

I hate gambling.
도박하는 걸 싫어해.

Gambling isn't my cup of tea.
도박은 내 취향이 아냐.

Have you lost your mind? I don't like it.
제정신이야? 나 안 좋아해.

What? Don't you know I don't like gambling?
뭐? 내가 도박 안 좋아한다는 걸 몰라?

A **Do you like drinking with your co-workers?**
직장 동료들과 술 마시는 걸 좋아해요?

B **I don't like drinking with them.**
그들과 술 마시는 걸 안 좋아해요.

Possible Answers

Yes, I do. I drink with them at least three times a week.
네. 그들과 적어도 일주일에 세 번 술 마셔요.

Yes, I think so.
네, 그런 것 같아요.

I don't think I like drinking with my co-workers.
직장 동료들과 술 마시는 걸 안 좋아하는 것 같아요.

I hate drinking with them.
그들과 술 마시는 걸 싫어해요.

• co-worker 직장 동료
• at least 적어도

UNIT
05

Pattern

: Would

17 Would you like...?

동사 like는 '좋아하다'라는 뜻이에요. 이 동사 다음에 목적어로 명사(구)를 넣어서
Would you like+명사(구)?처럼 표현하면 '~하시겠어요?'로 상대방에게 뭔가를 권하거나
제안할 때 공손한 의미로 사용됩니다.

p_ 17.mp3

A We're going out for a drink. Wanna join? I mean, *would you like* a drink
   go out 외출하다
   with us*?*

B That sounds good. Count me in, please.

A All right.

B Thanks. Sam, I'm buying you a drink today.

A Oh, no! Don't bother. Let's split the bill, shall we?
   괴롭히다, 신경 쓰이다   각자 계산하다

B Okay, if you insist. Anyway, where are we going?
   주장하다

A I'm not sure. You know, I'm still on the fence. Tony, do you have any
   be on the fence 고민 중이다, 기회를 살피다
   favorite hang-outs?
   hangout 단골로 가는 곳

B Too many to list! What do you wanna drink? Beer, wine or whiskey? You
   name it.
   지정하여 말하다

A 우리 나가서 술 한 잔 하려고 해요. 함께 할래요? 제 말은, 저희랑 술 한 잔 *하시겠어요?*

B 좋아요. 저도 끼워주세요.

A 알았어요.

B 고마워요. 쌤, 오늘은 제가 술 살게요.

A 아니, 아니에요! 그럴 필요 없어요. 각자 계산하죠, 어때요?

B 알았어요, 정 그랬다면야. 아무튼, 어디로 갈 거예요?

A 잘 모르겠어요. 있잖아요, 아직 결정 못했거든요. 토니, 이 근처에 단골집들이 있어요?

B 일일이 열거하기에는 너무 많죠! 뭐 마시고 싶은데요? 맥주, 와인이나 위스키? 말만해요.

A Would you like a break?

좀 쉬시겠어요?

B Good.

좋아요.

💡 하던 일을 잠시 중단하고 잠깐의 휴식을 가지고자 할 때 a break처럼 명사 break를 사용합니다. 의미는 '잠시 동안의 휴식'이에요. 하던 일을 아주 멈춰버리는 것은 아닙니다.

Possible Answers

I'd like to. Let's take five.

좋죠. 5분만 쉽시다.

Yes, I would. I need a break.

네. 잠시 휴식이 필요해요.

Of course, but only for five minutes.

물론이죠, 하지만 5분만이에요.

No, not yet.

아니요, 아직은 아니에요.

A Would you like some coffee?

커피 좀 드시겠어요?

B Yes, please.

네, 부탁해요.

Possible Answers

Yes, I would.

네, 주세요.

Of course, I'd love some.

물론이죠, 좀 마시고 싶어요.

I'm good, thank you.

전 괜찮아요, 고마워요.

No, thanks. Coffee keeps me awake all night.

아니, 됐어요. 커피 마시면 밤새 잠을 못 자요.

📢 단어

• take five 5분 쉬다

• awake 잠자지 않고, 깨어서

18 Would you like to...?

동사 like는 '좋아하다'라는 뜻이지만 would like to+동사원형이라고 하면 '~하고 싶어요'입니다. 공손하게 예의를 갖추어서 뭔가를 하겠냐고 묻고 싶을 때 Would you like to+동사원형?이라고 하죠. 의미는 '~하시겠어요?'입니다.

p_ 18.mp3

A Tony, you look kind of tired today.

B I couldn't sleep a wink last night.
   not sleep a wink 한 숨도 못자다

A Why? What happened?

B I had too many things to do yesterday, so I had to stay up all night to
   밤을 새우다
   finish them all.

A Ah, now I understand. Tony, *would you like to* go home and get some
   이해하다   휴식을 좀 취하다
   rest? It will make you feel better.

B That's what I want. You know, I'd like to go get some sleep right now.
   잠 좀 자다

A Do as you please. Anyway, Take care. Sleep well.

B Thank you. You too.

A 토니, 오늘 다소 피곤해 보이네요.

B 지난밤 한숨도 못 잤어요.

A 왜요? 무슨 일 있었어요?

B 어제 할 일이 너무 많았거든요, 그래서 밤새워 일 모두 끝내야만 했어요.

A 아, 이제 이해가 가네요. 토니, 집에 가서 좀 쉬*시겠어요?* 기분이 더 나아질 거예요.

B 제가 원하던 바예요. 있잖아요, 지금 당장 가서 잠 좀 자고 싶어요.

A 좋을 대로 하세요. 어쨌든, 몸조심해요. 잘 자요.

B 고마워요. 당신도요.

A Would you like to watch movies with me?
저와 영화 보시겠어요?

B That sounds good.
좋아요.

💡 '영화를 보다'를 watch a movie 또는 watch movies처럼 동사 watch를 사용해서 말할 수 있습니다. 뒤에 전치사구 with me(저와 함께)를 넣어 좀 더 자세하게 표현하면 되죠.

Possible Answers

I'd like to.
좋아요.

Good. I'm a big time movie-buff.
좋아요. 전 영화를 엄청 좋아하거든요.

What movie are you planning on watching?
어떤 영화를 볼 건데요?

I wish I could, but I can't. I have a tight schedule.
그러고는 싶지만, 안 돼요. 일정이 빡빡하거든요.

A Would you like to join me for lunch?
저와 점심 같이 하시겠어요?

B I wish I could, but I can't.
그러고는 싶지만, 안 되겠어요.

Possible Answers

Good. You name the time and place.
좋아요. 시간과 장소만 말해요.

That sounds great.
좋아요.

I'd love to, but I have other plans.
그러고는 싶지만, 선약이 있어요.

Can I take a rain check?
다음 기회로 미룰 수 있을까요?

📖 단어

• movie buff 영화광
• be planning on -ing
  ~을 할 계획이다
• have a tight schedule
  일정이 빡빡하다

• name 지정하여 말하다
• take a rain check
  다음 기회로 미루다

19 Would you like me to...?

상대방에게 자신이 뭔가를 해주기를 바라고 있는지 정중하게 묻고 싶을 때 Would you like me to+동사원형?처럼 말해요. 뜻은 '제가 ~해드릴까요?'로, to부정사의 주어는 목적격으로 나온 me입니다. 비슷한 표현으로 Do you want me to+동사원형?이 있어요. 하지만 이 말은 좀 가벼운 느낌이 듭니다.

p_ 19.mp3

A I'm dying for a beer. April, do you wanna join me for a drink?
be dying for ~하고 싶어 죽겠다

B Sounds good, but I'm not in the mood for a drink today.

A Why? Is something wrong?

B I'm not feeling well. You know, I think I got a cold. I have a runny
감기 걸리다   콧물이 나오다
nose and my head is killing me.

A Oh, I'm so sorry to hear that.

B *Would you like me to* see a doctor?
진찰을 받다, 병원에 가다

A I think you should see a doctor right now.

B Okay. Thank you for saying that.

A 정말 맥주 한 잔 하고 싶어요. 에이프럴, 나랑 술 한 잔 할래요?

B 좋은 생각인데요, 하지만 오늘은 술 마시고 싶은 생각이 없어요.

A 왜요? 뭐가 잘못됐나요?

B 몸 상태가 별로 안 좋아서요. 그게, 감기 걸린 것 같아요. 콧물이 나오고 머리 아파 죽겠어요.

A 오, 안됐군요.

B *제가* 진찰을 받을*까요?*

A 지금 당장 진찰 받는 게 좋을 것 같아요.

B 알겠어요. 말이라도 고마워요.

A Would you like me to ask for some help?
제가 도움을 좀 요청할까요?

B Do as you please.
좋을 대로 하세요.

💡 숙어로 '~을 요청하다'를 ask for라고 합니다. 전치사 for 다음에는 요청하는 내용이 나오게 되는데요, 우리말 '도움을 좀 요청하다'를 ask for some help처럼 표현합니다.

Possible Answers

Yes, please.
네, 부탁합니다.

Yes, I think you should do that.
네, 그렇게 하는 게 좋을 것 같네요.

Do as you like.
좋을 대로 하세요.

Well, you don't have to do that.
글쎄요, 그럴 필요까지는 없어요.

A Would you like me to help you?
제가 당신을 도와드릴까요?

B No, you don't have to do that.
아니요, 그럴 필요는 없어요.

Possible Answers

Sure thing.
물론이죠.

Of course, I would.
물론이죠.

You don't need to do that.
그럴 필요는 없어요.

No, I wouldn't. I can do it by myself.
아니요. 저 혼자서 할 수 있어요.

💬 단어

• think
생각하다, ~인 것 같다

• by oneself 혼자서

20 Would you care for...?

자동사 care 다음에는 to+동사원형이나 전치사 for+명사(구)의 구조가 나와요. 숙어로 care for는 '염려하다', '돌보다', '좋아하다', '관심을 갖다'처럼 다양한 의미로 사용되죠. 자신의 제안에 대해 상대방의 의향이 어떤지를 알고 싶을 때 정중하게 Would you care for+명사(구)?라고 물어볼 수 있어요. 의미는 '~하시겠어요?'입니다.　　　p_ 20.mp3

A Rosie! Good to have you here.

B Oh, it's nothing. Sam! Nice to see you again.

A Likewise. Please make yourself <u>comfortable</u>.
　　　　　　　　　　　　　　　　　　편안한

B That's nice of you.

A Don't <u>mention</u> it.
　　　　언급하다

B It's so hot today, isn't it?

A Yes, <u>exactly</u>. Well, Rosie, *would you care for* <u>something to drink?</u>
　　　정확하게, 바로　　　　　　　　　　　　　　　　마실 것

B Just water, please.

A 로지! 와줘서 기뻐요.

B 오, 별거 아니에요. 쌤! 또 만나서 반가워요.

A 저도요. 편히 하세요.

B 고마워요.

A 천만에요.

B 오늘 너무 덥네요, 안 그래요?

A 네, 그래요. 저, 로지, *마실 거라도 드릴까요?*

B 그냥 물이나 주세요.

A Would you care for a drink?

술 한 잔 드시겠어요?

B I'm allergic to alcohol.

알코올 알레르기가 있어요.

🔲 단어

• be allergic to
  ~에 알레르기가 있다
• feel like -ing ~하고 싶다
• give up 포기하다

💡 동사로 drink는 '마시다'지만 명사로 부정관사 a와 함께 사용되면 그 의미는 '음료 한 잔', '술 한 잔'이 됩니다. 보통 '술 한 잔 하다'라고 할 때 have a drink처럼 표현해요.

Possible Answers

Yes, please. I feel like drinking some beer.

네, 주세요. 맥주를 좀 마시고 싶어요.

Do you have some beer?

맥주 좀 있어요?

I gave up drinking a couple of weeks ago.

몇 주 전에 술 끊었어요.

I don't drink.

술 못 마셔요.

A Would you care for some refreshments?

간식 좀 드시겠어요?

B Not just now, thanks.

지금은 됐어요, 고마워요.

• as a matter of fact
  사실은
• be on a diet
  다이어트중이다

Possible Answers

Of course, I'd like to.

물론이죠, 좋아요.

Sounds good.

좋아요.

I'm good, thank you.

전 괜찮아요, 고마워요.

As a matter of fact, I'm on a diet.

사실은, 다이어트중이에요.

UNIT
06

Pattern
: Do

21 Do you want to...?

미래지향적인 동사는 want는 목적어로 명사나 to부정사를 취해요. Do you want to+동사원형?이라고 하면 '~하길 원해요?'가 직역이에요. 하지만 네이티브들은 '~하고 싶어요?', '~할래요?'의 뜻으로 더 많이 사용합니다.

p_ 21.mp3

A Hi, Peter! What's up?

B Not much. Cindy, how's it going?

A Can't complain. Hey, you look sleepy today. *Do you want to get some sleep?*
　　불평하다　　　　　　졸린　　　　　　　　　　잠 좀 자다

B What? Do I look sleepy? Nope. I'm not sleepy, but I'm famished right now.
　　　　　　　　　　　　　　　　　　　　　famish 굶주리게 하다

A Good, then let's grab a bite to eat. What do you say?
　　　　　　　　간단히 먹다

B Sounds good. By the way, are you good at cooking?
　　　　　　　그런데　　　be good at ~을 잘하다

A You bet, I am.

B Oh, yeah? I didn't know that. As a matter of fact, I'm terrible at cooking.
　　　　　　　　　　　　　　사실은

A 안녕, 피터! 잘 지내?

B 별일 없어. 신디, 넌 어떻게 지내?

A 그럭저럭 잘 지내지 뭐. 이봐, 오늘 졸려 보여. 잠 좀 자*고 싶어?*

B 뭐라고? 내가 졸려 보여? 아니. 안 졸려, 하지만 지금 너무 허기가 져.

A 잘됐다, 그러면 간단하게 뭐 좀 먹자. 어때?

B 좋지. 그런데 말이야, 요리 잘해?

A 당연하지.

B 오, 그래? 몰랐네. 사실은, 난 요리를 잘 못해.

A Do you want to give up drinking?

술 끊고 싶어요?

B Oh, no! That's impossible.

오, 아니요! 그건 불가능해요.

💡 숙어로 give up은 '포기하다', '단념하다'입니다. 그래서 '술 끊다'를 give up drinking이라고 하죠. 술 대신에 '담배를 끊다'라고 할 때도 give up 을 활용해서 give up smoking처럼 말하면 됩니다.

Possible Answers

It's easier said than done.

말이야 쉽죠.

That's out of the question.

그건 말도 안 돼요.

Well, I've never thought about it.

글쎄요, 생각해 본 적이 없는데요.

I can't say anything for sure.

확실하게 말 못하겠어요.

A Do you want to stay for dinner?

저녁 먹고 갈래요?

B I'm afraid I can't. I have other plans.

못할 것 같아요. 선약이 있거든요.

Possible Answers

Good. I'm so famished.

좋아요. 배가 너무 고파요.

I'd like to.

좋아요.

Not this time, thank you.

이번에는 안 돼요, 고마워요.

I wish I could, but I can't. I have to head home right now.

그러고는 싶지만, 못하겠어요. 지금 당장 집에 가야 해요.

22 Do you want me to...?

자신이 뭔가를 해주길 상대방이 바라고 있는지 아닌지 그 속마음이 궁금할 때가 있어요.
이럴 경우 Do you want me to+동사원형?이라고 하면 '내가 ~해줄까요?'의 뜻입니다.
좀 더 공손한 의미로 Would you like me to+동사원형?처럼 표현할 수도 있어요.

p_ 22.mp3

A Tony, can I have a word with you? I have something to ask you.
　　　　　　　~와 잠시 얘기하다

B Sure, what's up?

A Do you mind if I borrow your computer for a couple of hours?
　　　　　　　　　빌리다

B I'm sorry?

A I mean, my computer just broke down, so I think I need to borrow your
　　　　　　　　　　　　고장 나다
computer.

B What? No way. That's out of the question. You know, I have to use it today.
I'm sorry. Rose, I'll tell you what. *Do you want me* to fix your computer*?*

A Do you know how to fix it?

B Of course, I do. It's a piece of cake. Just leave it to me.

A 토니, 얘기 나눌 수 있을까? 물어볼 게 좀 있어서 그래.

B 응, 무슨 일인데?

A 두어 시간 정도 네 컴퓨터 좀 빌려도 돼?

B 뭐라고?

A 내 말은, 내 컴퓨터가 방금 고장 났거든, 그래서 네 컴퓨터 좀 빌려야 할 것 같아.

B 뭐? 말도 안 돼. 그건 불가능해. 있잖아, 오늘 컴퓨터 사용해야 된단 말이야. 미안해. 로즈, 이렇게 하자.
내가 네 컴퓨터를 고쳐줄*까*?

A 고칠 줄 아는 거야?

B 물론이지. 식은 죽 먹기야. 그냥 내게 맡겨.

A Do you want me to do the dishes?

내가 설거지해줄까?

B No, that's okay. I'll do it.

아냐, 괜찮아. 내가 할게.

💡 우리말 '설거지하다'를 네이티브들은 do the dishes라고 합니다. 보통 dishes처럼 복수형을 쓰죠.

Possible Answers

Of course, I could really use your help.

당연하지, 네 도움이 절실히 필요해.

Absolutely.

물론이지.

No, that's okay.

아냐, 괜찮아.

No, I'll take care of it.

아니, 내가 알아서 할게.

📣 단어

• could use 필요하다
• absolutely
  물론, 절대적으로
• take care of
  돌보다, 처리하다

A Do you want me to give you a call?

내가 너에게 전화해줘?

B When can you call me?

언제 나한테 전화할 수 있는데?

Possible Answers

Yes. I think you should call me after 6 p.m.

응. 오후 6시 이후 나한테 전화하는 게 좋을 것 같아.

Of course. I want you to call me after you leave the office.

물론이지. 퇴근 후에 내게 전화해줬으면 해.

You don't need to call me.

내게 전화할 필요가 없어.

No, I don't. I'll call you back later.

아니. 내가 나중에 다시 전화할게.

• leave the office 퇴근하다
• call back
  이쪽에서 전화를 걸다

23 Do you mind if I...?

뭔가를 하기 전에 상대방으로부터 먼저 허락을 받고자 할 때 동사 mind를 사용하면 돼요.
영어로 Do you mind if I+동사?라고 하면 '제가 ~하는 거 꺼려하나요?'지만 의역하면
'~해도 될까요?'라는 뜻이에요.

p_ 23.mp3

A Excuse me, is this seat taken?

B I beg your pardon?

A *Do you mind if I* sit here*?*

B Of course not. Please have a seat.
　　　　　　　　　　　　　　　　자리에 앉다

A Thank you. However, I'm sorry. I didn't mean to intrude.
　　　　　　　　　　　　　　　　　　　　　　　　　　　방해하다

B Oh, no, it's no problem. I'm Caroline. Nice to meet you.

A You too. I'm Sam. I'm from Chicago. Wait, let me ask you something. Are you a tourist or something? You look as though you are.
　　　　　　　여행객

B It shows? Sure, I am. You know, this is my first visit here in New York.

A 실례지만, 이 자리 주인 있나요?

B 뭐라고 하셨죠?

A 여기 앉아도 될까요?

B 물론이죠. 앉으세요.

A 고마워요. 한편으로는, 미안해요. 방해할 생각은 없었거든요.

B 오, 아니에요, 괜찮아요. 캐롤라인이에요. 만나서 반가워요.

A 저도요. 쌤이에요. 시카고에서 왔어요. 잠깐만요, 뭐 좀 물어볼게요. 혹시 여행객이세요? 마치 그렇게 보여서요.

B 티나요? 네, 맞아요. 있잖아요, 이곳 뉴욕에 처음 왔거든요.

A Do you mind if I go now?
지금 가도 돼요?

B Can't you stay just a little bit longer?
좀 더 있다 가면 안 돼요?

💡 '지금 가다'를 간단하게 go now라고 합니다. 동사 go를 활용해서 go alone(혼자 가다), go home(집에 가다), go together(함께 가다)처럼 응용해서 표현할 수 있어요.

Possible Answers

I don't mind.
상관없습니다.

Not at all. Please go ahead.
괜찮아요. 그렇게 하세요.

Of course not.
물론이죠.

Why don't you stay a little longer?
좀 더 있다 가는 게 어때요?

A Do you mind if I close the window?
창문을 닫아도 될까요?

B No, not at all.
괜찮아요.

Possible Answers

I don't mind at all.
전혀 상관없어요.

Of course not.
괜찮아요.

No, I don't mind. Please go ahead.
네, 상관없어요. 어서 닫으세요.

Yes, I do.
닫지 말아요.

📒 단어

• a little bit 아주 조금
• mind 주저하다, 꺼려하다
• stay 머무르다

• go ahead
  진행하다, 계속하다

24 Do you mind −ing?

동사 mind는 '꺼려하다', '마음을 쓰다'라는 뜻이에요. 이 동사를 가지고 Do you mind −ing?라고 하면 '~하는 거 꺼려하세요?'가 직역이죠. 하지만 좀 의역하면 '~해도 괜찮겠어요?'로, 뭔가를 부탁하거나 제안할 때 상대방이 그런 일을 하는데 전혀 개의치 않은지를 확인하고자 할 때 사용하는 패턴이에요.　　　　　　　　　p_ 24.mp3

A　Hi, Jack.

B　Hi, Cindy. How are you today?

A　I'm in a bad mood. You know, I feel a little down probably because it's
　　be in a bad mood 기분이 안 좋다
　　raining outside. And you?

B　I've never felt better, thanks. Anyway, Cindy, what are you doing here?

A　I'm looking for a bank. Jack, isn't there a bank nearby?
　　　　　　　　　　　　　　　　　　　　　　　　　근처의

B　Well, not that I'm aware of. But the nearest one is just a few blocks away,
　　　　　　　　　be aware of 인지하다
　　so you should take a taxi from here. That's my two cents. Do you mind
　　　　　　　　　택시를 타다
　　tak*ing* a taxi?

A　No, I don't mind at all. Thanks. Anyway, I'd better be going now. Nice
　　talking to you.

B　Likewise. Have a good one. Bye.
　　역시, 똑같이

A　안녕, 잭.

B　안녕, 신디. 오늘은 어때?

A　기분이 별로 안 좋아. 있잖아, 아마 밖에 비가 와서 그런지 좀 울적하거든. 넌 어때?

B　기분 최고야, 고마워. 그나저나, 신디, 여긴 웬일이야?

A　은행 찾고 있어. 잭, 이 근처에 은행 있지 않니?

B　글쎄, 내가 알기로는 없는데. 하지만 가장 가까운 은행이 몇 블록 떨어져 있거든, 그러므로 여기서 택시
　　타고 가는 게 좋을 거야. 그냥 내 생각이야. 택시를 타도 *괜찮겠어?*

A　그럼. 고마워. 아무튼, 이제 가야겠다. 얘기 잘 나눴어.

B　나도. 좋은 하루 보내. 잘 가.

A Do you mind driving me home?

날 집까지 차로 바래다줘도 괜찮은 거야?

B No problem. That's what friends are for.

괜찮아. 친구 좋다는 게 뭐야?

💡 누군가를 차로 집까지 바래다 줄 때 동사 drive를 사용해서 drive 사람 home처럼 말해요. 즉 drive me home이라고 하면 '날 집까지 차로 바래다주다'의 뜻이 되는 거죠.

Possible Answers

I don't mind. What are friends for?

상관없어. 친구 좋다는 게 뭐야?

Well, I don't mind. No worries.

글쎄, 상관없어. 걱정 마.

I don't mind at all.

전혀 상관없어.

Of course not.

물론이지.

🔳 단어

• friend 친구
• mind 주저하다, 꺼려하다

A Do you mind waiting for me?

날 기다려도 괜찮겠어?

B I don't mind waiting for you.

널 기다리는 거 난 괜찮아.

Possible Answers

No, I don't mind.

응, 상관없어.

I don't mind at all.

전혀 상관없어.

It doesn't matter.

문제없어.

Of course not.

물론이지.

• mind
  꺼려하다, 마음을 쓰다
• matter 중요하다

UNIT
07

Pattern

: Can I Could

25 Can you...?

조동사 can에는 '할 수 있다'는 가능성의 뜻이 담겨 있지만, 때로는 '허락', '허가'의 의미로도 사용돼요. 상대방에게 Can you...?라고 하면 '~해줄래요?'로, 뭔가를 부탁하고자 할 때 사용하는 패턴입니다.

A There you are. I've been looking all over for you!
   look for ~을 찾다

B Oh, sorry about that. What's up?

A *Can you* do me a favor?
   부탁, 호의

B I'm sorry?

A I mean, can you give me a hand with my report?
   give ~ a hand ~을 돕다
   You know, I don't know where to start.

B Well, I'm afraid I can't. I'm as busy as a bee now.
   아주 바쁜

A Come on, Tony, I could really use your help.
   could use 필요하다
   Please, I'm begging you.
   beg 부탁하다, 탄원하다

B That's it. Enough! I haven't got all day. Sorry.

A 여기 있었네. 사방팔방으로 널 찾아 돌아다녔잖아!

B 오, 미안해. 무슨 일이야?

A 부탁 좀 들어줄래?

B 뭐라고?

A 내 말은, 보고서 작성을 좀 도와줄래? 있잖아, 어디서부터 시작해야 할지 모르겠어.

B 글쎄, 그럴 수 없을 것 같은데. 지금 너무 바쁘거든.

A 이봐, 토니, 난 네 도움이 절실히 필요해. 제발, 부탁 좀 하자.

B 됐어. 그만 좀 해! 나 이럴 시간 없어. 미안해.

A Can you show me your passport, please?

여권을 좀 보여주시겠어요?

B Here you go.

여기 있어요.

💡 해외여행을 할 때 입국 심사장에서나 호텔 프런트 데스크에서 반드시 여권을 보여주게 되죠. 동사 show를 활용해서 show me your passport라고 하면 '당신 여권을 내게 보여주다'입니다.

Possible Answers

Yes, here you are.

네, 여기 있어요.

Of course. Here you go.

물론이죠. 여기 있어요.

Just a moment, please. Here you go.

잠깐만요. 여기요.

There you go.

여기 있어요.

📢 단어 ────────

• moment 잠깐, 때

A Can you drop me off at the airport?

공항에서 내려줄래?

B Of course, I can.

물론이지.

Possible Answers

Okay, you got it.

알았어.

No problem. Honestly, I'm on my way there, too.

응. 실은, 나도 거기 가는 중이야.

If you want.

원한다면.

I'm afraid I can't.

안 될 것 같아.

• honestly 솔직하게, 사실
• be on one's way
 ～로 가는 길(도중)에 있다

26 Can you tell me where I can...?

조동사 can보다는 could로 말하면 더 공손한 뜻을 전달합니다. 상대방에게 자신이 찾는 장소를 묻고자 할 때 Can you tell me where I can...?처럼 말하면 '어디서 ~할 수 있는지 말해줄래요?'의 의미입니다. 상황에 따라서는 '내가 어디서 ~할 수 있어요?'처럼 해석됩니다.

p_ 26.mp3

A Excuse me, do you have the time?

B It's a quarter to six.

A Thank you.

B Anytime. Hey, I like your bag. *Can you tell me where I can* get it?

A Yes, I can. I got it on sale at a department store. You know, I love this
   세일 중에   백화점
   kind of style.

B Oh, I see. Anyway, I'm Jack from New York. What should I call you?

A I'm Rosie Kim, but I go by Rosie.

B Excuse me? I'm sorry, but I didn't catch your name.
   catch one's name 이름을 알아듣다

A 미안하지만, 지금 몇 시나 됐죠?

B 5시 45분이에요.

A 고마워요.

B 언제든지요. 이봐요, 가방이 예쁘네요. 그거 *어디서 구입할 수 있는지 말해줄래요?*

A 네. 백화점에서 세일 때 샀어요. 있잖아요, 이런 스타일이 정말 마음에 들어요.

B 오, 그렇군요. 아무튼, 전 뉴욕에서 온 잭이에요. 뭐라고 부를까요?

A 로지 킴이에요, 하지만 로지라 불려요.

B 뭐라고 하셨죠? 미안하지만, 이름을 제대로 못 들었어요.

A Can you tell me where I can buy a ticket?

표를 어디서 구입할 수 있는지 말해줄래요?

B I'm afraid I can't. I'm a stranger here myself.

못할 것 같아요. 제가 여기 처음이거든요.

💡 '표를 사다'라든지 '표를 구입하다'라고 할 때 동사 buy를 활용해서 buy a ticket 또는 buy tickets처럼 표현합니다.

Possible Answers

No problem. I know this area like the back of my hand.

물론이죠. 이 지역을 손바닥 보듯 훤히 알아요.

There's a ticket office around the corner.

모퉁이 주변에 매표소가 있어요.

Let me ask around.

주위 사람에게 물어볼게요.

I'm sorry, but it's my first time here.

미안하지만, 여기는 처음 왔어요.

📣 **단어**

• stranger 낯선 사람
• know ~ like the back of my hand ~을 손바닥 보듯 훤히 알다
• ask around 물으며 다니다

A Can you tell me where I can find the post office?

우체국을 어디서 찾을 수 있나요?

B I'm sorry, but I'm new here myself.

죄송하지만, 이곳이 처음이에요.

Possible Answers

Of course. There is one behind this building.

물론이죠. 이 건물 뒤에 있어요.

Please go straight and then turn right at the corner.

곧장 가신 후 모퉁이에서 오른쪽으로 도세요.

I'm sorry, but this is my first visit here.

미안하지만, 이곳이 처음 방문이에요.

I'm sorry, but I'm a stranger here myself.

미안하지만, 이곳에 처음 왔어요.

• go straight 쭉 가다
• turn right 오른쪽으로 돌다
• visit 방문, 방문하다

27 Could you tell me...?

상대방에게 뭔가 궁금한 점이 있을 때 좀 더 정중하게 묻고 싶다면 can이 아닌 could를 활용해서 Could you tell me+명사(구)?라고 하면 돼요. 의미는 '~을 말씀해주시겠어요?' 인데요, 조동사 could 대신에 would로 바꿔 사용해도 괜찮습니다.

p_ 27.mp3

A Hello. I'm glad to meet you.

B You too.

A *Could you tell me* your name?
이름

B Of course. I'm Sam Kim, but I go by Sam.
~로 불리다

A Sam? I'm Sunny. I'm a tourist. What about you?
여행객

B Likewise. I'm from Denver. Anyway, nice meeting you.
마찬가지로

A Nice meeting you too. Have a good one.

B Thank you. You too.

A 안녕하세요. 만나서 반가워요.

B 저 역시 만나서 반가워요.

A 성함을 말씀해주시겠어요?

B 물론이죠. 쌤 킴이에요, 하지만 쌤으로 불려요.

A 쌤? 써니예요. 여행객입니다. 당신은요?

B 저도요. 덴버에서 왔습니다. 어쨌든, 만나서 반가웠어요.

A 저도 마찬가지에요. 좋은 하루 되세요.

B 고마워요. 당신도요.

A Could you tell me something about yourself?
당신 자신에 대해 좀 말씀해주시겠어요?

B I'm Tony from Chicago. I'm an engineer.
시카고에서 온 토니예요. 엔지니어예요.

💡 상대방이 어떤 사람인지 궁금해서 묻고자 할 때 something about yourself(당신 자신에 대한 어떤 것)를 사용해서 질문하면 돼요.

Possible Answers

I'm Jack. I'm from Sydney. I'm an office worker.
잭입니다. 시드니에서 왔어요. 직장인입니다.

I'm a tourist from South Korea.
한국에서 온 여행객이에요.

I'm Tony. I work at a travel agency.
토니입니다. 여행사에서 근무해요.

Hi. I'm Sam Park from New York.
안녕하세요. 전 뉴욕에서 온 쌤 박입니다.

A Could you tell me his phone number?
그의 전화번호를 말씀해주시겠어요?

B I'm sorry, but I don't know his number.
죄송한데요, 그의 전화번호를 몰라요.

Possible Answers

Of course, I could. I'll let you know right now.
물론이죠. 지금 당장 알려드릴게요.

Absolutely. Here is his business card.
물론이죠. 그의 명함입니다.

Why do you want to know his number?
그의 전화번호는 왜 알고 싶은 거죠?

No way.
절대 안 돼요.

📣 단어

• office worker 직장인
• travel agency 여행사

• know 알다
• absolutely
　정말로, 절대적으로
• business card 명함

28 Could you show me where...?

동사 show는 '보여주다'라는 뜻이에요. 뭔가를 보여주거나 눈으로 보고 이해할 수 있는 방법으로 알려 달라고 할 때 show 동사를 사용하죠. 정중하게 Could you show me where 주어+동사?라고 하면 뜻은 '~이 어디에 있는지 말씀해주시겠어요?'가 된답니다.

p_ 28.mp3

A Excuse me, ma'am. I think you look lost. Would you like some help?

B Yes, please. Where am I?

A You're in Central Station. Where are you going?

B I'm trying to find the nearest park, but I don't know where it is. *Could you show me where the park is?*

A Oh, really? You know, I'm on my way there, too. It's <u>walking distance</u>
걸어갈 수 있는 거리
from here, so I'd be happy to take you there. Really.

B That would be great. Thanks. I really <u>appreciate</u> it.
감사하다, 알아주다

A My pleasure. Now let's go, shall we?

B Okay, let's go.

A 실례지만, 아주머니. 길을 잃으신 것 같은데요. 도와드릴까요?

B 네, 부탁 드려요. 여기가 어디죠?

A 센트럴 역이에요. 어디 가는 중이세요?

B 가장 가까운 공원을 찾으려고 하는데요, 하지만 어디 있는지 모르겠어요. 그 공원이 어디에 있는지 말씀해 주시겠어요?

A 오, 정말요? 있잖아요, 저도 거기 가는 중이에요. 여기서 걸어서 갈 수 있는 거리에 있어요, 그래서 제가 기꺼이 그곳까지 모셔다 드릴게요. 정말이에요.

B 그럼 좋죠. 고마워요. 정말 감사드려요.

A 별말씀을요. 이제 갈까요?

B 그러죠, 갑시다.

A Could you show me where I am on this map?

이 지도상에서 제가 어디에 있는 거죠?

B You're here on this map.

이 지도상에서 여기에 있는 거예요.

💡 요즘은 스마트폰 기능이 정말 다양하기 때문에 여행할 때 유용하게 사용할 수 있어요. 혹시 가지고 있는 게 지도뿐이라면 on this map의 표현을 활용해서 Could you show me where I am on this map?처럼 말하면 됩니다. 뜻은 '이 지도상에서 제가 어디에 있는 거죠?'예요.

Possible Answers

Well, let me take a look at it.

글쎄요, 어디 봅시다.

You're in Central Park.

센트럴 공원에 있는 거예요.

One moment, please. Let me ask around.

잠깐만요. 제가 주위 사람에게 물어볼게요.

I'm sorry. I'm a stranger here myself.

미안해요. 저도 여기는 처음이거든요.

A Could you show me where the art gallery is?

미술관이 어디에 있는지 알려주시겠어요?

B Well, there is an information center over there.

글쎄요, 길 건너 안내소가 있어요.

Possible Answers

There's one behind this building.

이 건물 뒤에 있어요.

Please go straight for about 10 minutes. It's on your right.

10분 정도 쭉 가세요. 오른쪽에 있어요.

Sorry, but I don't know where it is.

미안하지만, 어디에 있는지 모르겠어요.

I'm sorry, I'm not sure.

미안하지만, 잘 모르겠어요.

📖 단어

• take a look at ~을 보다
• stranger 낯선 사람

• information center
안내소

UNIT
08

Pattern

: Be I Have

29 Are you...?

보통 be동사 다음에 형용사나 분사가 오면 보어 역할로 주어의 기분이나 상태를 설명해 주게 됩니다. Are you+형용사/분사?는 '~해요?'의 뜻이에요. 상대방의 모습을 보고난 뒤 현재 어떤 상태인지를 확인할 때 사용합니다.

p_ 29.mp3

A Hey, what took you so long? You're late again.

B Oh, I'm so sorry. I'm a little late. I couldn't help it.
　　　　　　　　　　　　　　　　　　　　　　　　돕다, 피하다

A A little? It's almost 3 p.m.

B I know, but I got caught in traffic on the way here.
　　　　　　　　　교통 체중에 걸리다

A You must be kidding, right?

B I'm not kidding.

A Then *are you* serious this time?
　　　　　　　　진중한, 심각한

B Yeah, I'm serious.

A 이봐, 왜 이리 오래 걸린 거야? 또 늦었잖아.

B 오, 정말 미안해. 내가 좀 늦었어. 어쩔 수가 없었거든.

A 좀? 벌써 오후 3시야.

B 알아, 하지만 여기 오는 길에 차가 너무 막혔단 말이야.

A 농담이지, 맞지?

B 농담 아냐.

A 그럼 이번에는 진심*이야?*

B 응, 진심이야.

A Are you drunk?

술 취한 거야?

B Yeah, a little bit.

응, 조금.

💡 '술 취하다'를 어떻게 표현하면 좋을까요? 네이티브들은 간단하게 be drunk처럼 표현해요. 좀 과하게 취한 상태를 말하죠. 주의할 점은 drunk 대신에 drunken처럼 말하면 안 돼요. drunken은 명사를 앞에서 수식해 주는 한정용법으로만 사용되고 drunk는 '술 취한'으로 be동사 다음에 주격 보어로 서술용법으로 사용합니다.

Possible Answers

Yes, I'm a little tipsy.

응, 좀 알딸딸해.

Yeah, I think so.

응, 그런 것 같아.

No, I'm not. I'm okay.

아니, 안 취했어. 괜찮아.

What makes you think so?

왜 그렇게 생각해?

A Are you kidding me?

농담해?

B I'm not kidding. I mean it this time.

농담 아냐. 이번에는 진심이야.

Possible Answers

You bet.

당연하지.

Yeah, exactly.

응, 그래.

Yes, I'm just kidding.

응, 그냥 농담한 거야.

No, I mean it.

아냐, 진심이야.

📣 단어

• tipsy 알딸딸한, 기분 좋게 취한 상태
• think 생각하다, ~인 것 같다

• this time 이번에는
• bet ~이 틀림없다(분명하다), 내기하다
• exactly 정확하게
• mean 의미하다

30 Are you in the mood to...?

숙어로 be in the mood to+동사원형은 '~하고 싶은 기분이다'라는 뜻이에요. 상대방에게 뭔가를 하고 싶은 기분이 드는지 묻고 싶을 때 Are you in the mood to...?(~하고 싶은 기분이에요?)의 패턴을 사용합니다.

p_ 30.mp3

A James, where were you yesterday? I was looking for you all day long.
하루 종일

B Were you? Actually, I was on a blind date yesterday.
소개팅

A Oh, really? I didn't know. How was it?

B It was great. I felt like we hit it off pretty well.
죽이 잘 맞다, 잘 해나가다

A Good for you! I'm glad to hear that.

B Thanks for saying that.

A *Are you in the mood to see her again?*

B Yeah, I can't wait to see her.
~을 몹시 하고 싶다

A 제임스, 너 어제 어디 있었어? 하루 종일 찾아 다녔잖아.

B 그랬어? 실은, 어제 소개팅 나갔거든.

A 오, 정말이야? 몰랐네. 어땠어?

B 좋았지. 우린 서로 잘 맞았던 것 같았어.

A 잘됐네! 듣던 중 반가운 소식이네.

B 말이라도 고마워.

A 그녀를 또 만나고 *싶은 거야?*

B 응, 빨리 그녀를 만나보고 싶어.

A Are you in the mood to stay home?
집에 있고 싶은 기분이에요?

B Yes, I am. I don't feel like doing anything today.
네. 오늘 아무것도 하고 싶지 않아요.

💡 '머무르다'의 뜻인 stay와 부사 역할을 하는 home을 활용해서 stay home
이라고 하면 '집에 머무르다'입니다. 때로는 stay at home처럼 말하기도
하는데, 이 역시 '집에 머무르다'이며 여기서 home은 부사가 아닌 명사
역할을 합니다.

Possible Answers

Yes, I feel like staying home all day long.
네, 하루 종일 집에 있고 싶어요.

Of course.
물론이죠.

Sure, I am. I'm in the mood to stay home and relax.
물론이죠. 집에 머물면서 쉬고 싶은 기분이에요.

No, I'm not. I'm in the mood to go out with my family.
아니요. 가족이랑 외출하고 싶은 기분이에요.

A Are you in the mood to leave for Japan?
일본으로 떠나고 싶은 기분인 거야?

B Absolutely.
당연하지.

Possible Answers

Of course, I want to get out of this city.
물론이지, 이 도시에서 벗어나고 싶어.

That's what I want to do.
그게 내가 하고 싶은 거야.

Well, I can't tell you offhand.
지금 당장은 말 못하겠어.

I don't know for sure.
확실히 모르겠어.

📋 단어

- feel like -ing ~하고 싶다
- relax 휴식을 취하다
- go out with ~와 외출하다

- get out of ~을 벗어나다
- offhand 즉석에서
- for sure 확실히

31 Have you seen... lately?

상대방에게 뭔가를 본 적이 있는지 묻고 싶을 때 현재완료 have seen을 사용해요. 부사 lately(최근에)를 넣어서 Have you seen+명사(구) lately?라 말하면, 그 뜻은 '최근에 ~ 을 본 적이 있어요?'가 됩니다.

p_ 31.mp3

A I'm not underline{disturbing} you, am I?
disturb 방해하다

B Not at all. Have a seat.

A Thanks. Hey, Mike! You look underline{worried}. Is something wrong?
걱정되는

B I'm in trouble. I lost my car keys and I can't find them anywhere.
be in trouble 곤경에 빠지다

A No kidding. You can't be underline{serious}.
진중한, 심각한

B I'm not kidding. I'm totally serious. This has never underline{happened} before.
happen 발생하다
Have you seen my car keys *lately?*

A No, I haven't. But I think I might be able to help you find them. underline{Trust} me.
믿다

B Thanks.

A 방해되진 않았지, 그렇지?

B 괜찮아. 앉아.

A 고마워. 이봐, 마이크! 걱정스러워 보여. 뭐 잘못됐어?

B 나 곤경에 처했어. 차 열쇠를 잃어버렸는데 도무지 못 찾겠어.

A 농담하지 마. 말도 안 돼.

B 농담 아냐. 정말 진심이야. 전에 이런 일 결코 없었는데. *최근에 내 차 열쇠를 봤어?*

A 아니. 하지만 내가 차 열쇠 찾는 거 도와줄 수 있을 것 같아. 날 믿어봐.

B 고마워.

A Have you seen any movies lately?

최근에 어떤 영화라도 봤어요?

B No, not really.

아니, 별로요.

💡 좋아하는 영화가 있으면 꼭 보게 됩니다. '어떤 영화'를 any movies처럼 표현합니다. 명사 movie를 활용해서 '극장에 가다'를 go to the movies라고 해요. 또는 go to the theater처럼 말하기도 한답니다.

Possible Answers

No, I haven't. To be honest, I'm not interested in movies at all.

아니요. 솔직히 말하면, 영화에는 전혀 관심 없어요.

No, I haven't. I've been tied up with work.

아니요. 일로 바빴거든요.

Not since last April.

지난 4월 이후로 못 봤어요.

I've been too busy to watch movies lately.

최근에 너무 바빠서 영화 못 봤어요.

A Have you seen his new house lately?

최근에 그의 새 집을 봤어?

B What? What are you talking about?

뭐? 무슨 얘기하는 거야?

Possible Answers

Yes, I have. It's so beautiful.

응, 봤어. 너무 예뻐.

Sure, I have. It's small, but it's great.

물론 봤지. 작지만 근사하더라.

No, I haven't. I have been too busy to see it these days.

아니, 못 봤어. 요즘 내가 너무 바빠 볼 수가 없었어.

No, but I'm planning to visit his new house after work.

아니, 하지만 퇴근 후에 그의 새 집을 방문할 생각이야.

📃 단어

• to be honest
솔직히 말하면
• be tied up
바쁘다, ~에 묶여 있다
• watch movies
영화를 보다

• talk about
~에 대해 얘기하다
• beautiful 아름다운
• busy 바쁜
• after work 퇴근 후에

32 Have you heard anything about...?

상대방에게 뭔가에 대해서 들었던 내용이라도 있었는지를 묻고 싶을 때 사용하는 패턴이 Have you heard anything about+명사(구)?예요. 의미는 '~에 대해서 어떤 거라도 들으셨어요?'로, 궁금한 내용을 명사(구)자리에 넣어서 적절하게 구사하면 되죠.

p_ 32.mp3

A Why the long face? You look a little down today. Is anything wrong?

B *Have you heard anything about* my job?

A Why do you ask?

B I'm thinking of quitting my job soon.
  quit 그만두다

A What? Are you kidding me?

B No, I'm not. I'm sick and tired of it.
  be sick and tired of ~이 지겹다

A I don't buy that. If I were you, I would think it over.
  사다, 받아들이다   think over 곰곰이 생각하다

B I have no choice. Starting a new project always makes me crazy. I feel like
  선택
  I have to quit.

A 왜 시무룩한 표정이야? 오늘 좀 우울해 보여. 무슨 일 있어?

B 내 직업에 대해 들었던 거라도 있어?

A 그건 왜 물어?

B 조만간 직장 그만 둘까 생각 중이거든.

A 뭐라고? 지금 농담해?

B 농담 아냐. 지긋지긋하단 말이야.

A 못 믿겠어. 내가 너라면, 다시 생각해 볼 거야.

B 선택의 여지가 없어. 새로운 프로젝트 시작하는 것 때문에 늘 돌아버리겠단 말이야. 그만 둬야 할 것 같아.

A Have you heard anything about this movie?
이 영화에 대해 뭐라도 들은 게 있었어?

B I heard it's kind of boring.
좀 지루하다고 들었어.

📑 단어
• kind of boring 좀 지루한
• disappointing 실망스러운
• actually 사실은

💡 영화를 좋아하는 사람이라면 극장에 가서 영화(movie)를 보게 됩니다. 명사 movie와 관련된 표현으로 '영화를 보다'는 watch movies, '극장에 가다'는 go to the movies처럼 표현해요.

Possible Answers

I heard it's a little disappointing.
좀 실망스럽다고 들었어.

I heard it's great.
훌륭하다고 들었어.

Nothing, actually.
실은 아무것도 못 들었어.

I didn't hear anything about it.
그것에 대해 아무것도 듣지 못했어.

A Have you heard anything about this shop?
이 상점에 대해 들었던 거라도 있어요?

• expensive 비싼
• awesome 멋진, 대단한

B I heard it's too expensive.
너무 비싸다고 들었어요.

Possible Answers

I heard it's awesome.
끝내준다고 들었어요.

I've heard a lot about it from a friend of mine.
친구로부터 많은 걸 들었어요.

I've heard nothing about it.
아무것도 못 들었어요.

I haven't heard anything about it.
아무것도 듣지 못했어요.

UNIT
09

Pattern

: 평서문 | 부가의문문

33 You should...

상대방에게 뭔가에 대해 충고하거나 적극적으로 권유하고자 할 때 조동사 should를 사용해요. 영어로 You should...라고 하면 '~하는 게 좋겠어요'의 뜻이죠.

p_ 33.mp3

A James, what's going on? I thought you were supposed to have a date
with Susan today.
   be supposed to ~할 예정이다

B Oh, my Gosh! I didn't know that it was today. It slipped my mind.
Thank you for reminding me.
   slip one's mind 깜빡 잊어버리다
   remind 상기시키다

A My pleasure.

B You know, I'm getting so forgetful these days.
   건망증이 있는

A That makes two of us. Well, James, I think *you should* call her and say that
you might be a little late.

B I think so. I'll do it right away. Anyway, wish me luck.
   지금 당장   *행운*

A Best of luck and have fun.
   즐거운 시간을 보내다

B Okay, thanks. Take care.

A 제임스, 무슨 일이에요? 오늘 수잔과 데이트가 있는 줄 알았어요.

B 오, 이런! 오늘이 그날인 줄 몰랐어요. 잠깐 깜박했네요. 상기시켜줘서 고마워요.

A 별말씀을요.

B 있잖아요, 요즘 건망증이 너무 심해졌어요.

A 저도 마찬가지예요. 이봐요, 제임스, 그녀에게 전화해서 좀 늦을 거라고 얘기하는 게 좋을 것 같아요.

B 저도 그렇게 생각해요. 당장 그렇게 할게요. 아무튼, 행운을 빌어줘요.

A 행운이 가득하길 빌며 즐거운 시간 보내요.

B 알았어요, 고마워요. 조심해서 가세요.

A You should take the shuttle bus.
셔틀버스를 타는 게 좋겠어.

B I don't know why I should take the shuttle bus.
왜 셔틀버스를 타야 좋은지 모르겠어.

💡 셔틀버스처럼 대중교통을 탈 경우 동사 take가 필요해요. 즉 take the shuttle bus의 의미는 '셔틀 버스를 타다'예요. 동사 take 대신에 use를 사용해서 use the shuttle bus라고 하면 '셔틀버스를 이용하다'입니다.

Possible Answers

Yes, that's what I'm thinking.
응, 나도 그렇게 생각해.

Well, let me think about it.
글쎄, 생각해보고.

I don't feel like taking the shuttle bus today.
오늘은 셔틀버스를 타고 싶지 않아.

I need to drive to work.
차로 출근해야 해.

A You should call me tonight.
오늘 밤 나에게 전화하는 게 좋겠어.

B Tonight? Why should I call you?
오늘 밤? 왜 전화해야 돼?

Possible Answers

What for?
왜?

Okay, I got it.
알았어.

Just tell me why I should call you tonight.
왜 오늘 밤에 네게 전화해야 하는지 이유를 말해봐.

What time do you want me to call you?
내가 몇 시에 전화해주길 원하는 거야?

📋 단어
• think about
  ~에 대해 생각하다
• feel like -ing ~하고 싶다
• drive to work
  차로 출근하다

• tonight 오늘 밤
• get 이해하다, 얻다
• call 전화하다

34 You need to...

동사 need to는 '~할 필요가 있다'의 뜻이지만, 상황에 따라서는 '~하면 좋겠다', '~해야 된다'라는 의미로도 해석됩니다. 영어로 You need to...는 '~하면 좋겠어요', '~해야 돼요'로 상대방에게 어떤 동작이나 행위를 할 필요가 있다는 점을 알려주고자 할 때 사용해요.

p_ 34.mp3

A Tony, what's eating you? You look underline{disappointed}.
실망한

B I'm not in the mood to talk about it.

A Oh, come on. Just spit it out.

B Okay, but just keep it to yourself. You know, I was underline{naive} enough to underline{believe}
순진한   믿다
what Peter said yesterday. He lied to me over and over again.

A I knew it. Don't you underline{remember} how many times I've told you not to underline{trust}
기억하다   믿다
him?

B Yeah, I do! I think I am so underline{gullible}.
아둔한, 속기 쉬운

A Hey, Tony! *You need to* calm down. Let bygones be bygones. Just underline{forget}
잊다
about it.

B Okay. Anyway, thanks for your underline{concern}.
걱정, 염려

A 토니, 무슨 걱정거리라도 있어? 실망스러워 보이네.

B 얘기하고 싶은 기분이 아냐.

A 오, 왜 이래. 그냥 얘기해 봐.

B 알았어, 하지만 너만 알고 있어. 있잖아, 어제 피터가 한 말을 믿다니 내가 너무 순진했어. 걔가 또 다시 나에게 거짓말했단 말이야.

A 그럴 줄 알았어. 내가 걔 믿지 말라고 몇 번이나 얘기했는지 기억 안 나?

B 응, 기억나! 내가 너무 귀가 얇은 것 같아.

A 이봐, 토니! 좀 진정해. 지난 일은 지난 일이야. 그냥 잊어버려.

B 알았어. 아무튼, 걱정해줘서 고마워.

A You need to keep your word.

넌 약속을 지켜야 해.

B Will do. No worries.

그럴 게. 걱정 마.

💡 동사 keep은 '간직하다', '유지하다'지만 keep your word처럼 말하면 '지키다'라는 뜻으로 쓰입니다. 그래서 '약속을 지키다'의 의미를 갖게 되죠. 명사 word를 one's word처럼 표현하면 '~의 약속'이에요.

Possible Answers

Okay, okay. I got it.

알았어, 알았어.

No worries. I'll keep my promise.

걱정 마. 약속 지킬게.

Don't worry.

걱정 마.

I'm sorry, but I can't.

미안하지만, 못하겠어.

💬 단어

• keep one's promise 약속을 지키다
• worry 걱정하다

A You need to clean up your room.

방을 좀 청소해야 돼.

B Okay, but I could use your help.

알았어, 하지만 네 도움을 좀 받았으면 해.

Possible Answers

It's none of your concern.

네가 상관할 일이 아냐.

I want to leave it as it is.

있는 그대로 내버려두고 싶어.

Do you think it's too dirty?

방이 너무 지저분하다고 생각해?

Don't tell me what to do.

나한테 이래라 저래라 하지 마.

• can use 필요하다
• concern 걱정, 염려
• dirty 더러운

35 You're planning to..., aren't you?

숙어로 be planning to+동사원형은 '~할 계획이다', '~할 작정이다'입니다. 다시 말해서 You're planning to..., aren't you?라고 하면 '~할 계획이죠, 안 그래요?', '~할 생각이죠, 안 그래요?'라는 의미랍니다. 상대방이 어떤 일을 할 계획이라면 이 패턴으로 물어볼 수 있어요.

p_ 35.mp3

A Sam, what are you <u>waiting for</u>? You have nothing to lose.
　　wait for ~을 기다리다
You're planning to give it a try, *aren't you?*
　　　　　　　　　시도하다

B But I'm not sure if I can do this alone. I think I'd better <u>give up</u>.
　　　　　　　　　　　　　　　　　　　　　　　　　　　포기하다

A Come on, you shouldn't talk like that. I'm sure you can make it.

B Are you saying that I can do this by myself?

A Of course, I am. You have my word. Just trust me this time.

B Okay, Tony, I <u>trust</u> you. Anyway, thanks for your time.
　　　　　　　　믿다

A No problem. Hey, I gotta go. I'll see you <u>soon</u>.
　　　　　　　　　　　　　　　　　　　　　곧, 조만간

B Take care and have a good day.

A 쌤, 뭘 꾸물거리고 있어? 손해 볼 것 없잖아. 한번 해볼 거지, 안 그래?

B 하지만 나 혼자서 이걸 할 수 있을지 모르겠어. 아무래도 포기하는 게 나을 것 같아.

A 왜 이래, 그런 식으로 말하지 마. 넌 틀림없이 할 수 있어.

B 나 혼자서 이걸 할 수 있다는 말이야?

A 물론이지. 내 말 믿어도 돼. 그냥 이번에는 날 믿어봐.

B 알았어, 토니, 믿을게. 그나저나, 시간 내줘서 고마워.

A 천만에. 이봐, 가야겠어. 조만간 다시 봐.

B 조심해서 가고 좋은 하루 보내.

A You're planning to accept his offer, aren't you?

그의 제안을 수락할 생각이지, 안 그래?

B Well, that depends.

글쎄, 상황에 따라 달라.

💡 동사 accept에는 '수락하다', '받아들이다'라는 뜻이 있어요. 그래서 accept his offer처럼 말하면 '그의 제안을 수락하다'가 되는 거죠. 동사로 offer는 '제공하다', '제안하다'지만 명사로 사용될 때는 '제안'입니다.

Possible Answers

I'm still on the fence.

아직 결정하지 못했어.

I'm still considering it.

아직 고려중이야.

I can't tell you offhand.

당장 뭐라고 얘기 못하겠어.

Well, let me think it over.

글쎄, 심사숙고 좀 해볼게.

📲 단어

• depend 의존하다, 달리다
• be on the fence
  고민 중이다, 형세를 관망하다
• consider 고려하다
• offhand 즉석에서
• think over 곰곰이 생각하다

A You're planning to go to Seoul, aren't you?

서울에 갈 계획이죠, 안 그래요?

B Who told you?

누가 그래요?

• exactly 정확하게
• know 알다
• cancel 취소하다

Possible Answers

Yes, that's right.

네, 맞아요.

Exactly.

맞아요.

How did you know that?

그걸 어떻게 알았어요?

I was supposed to go to Seoul, but it was cancelled.

서울에 갈 예정이었는데요, 하지만 취소됐어요.

36 You can..., can't you?

조동사 can을 이용해서 You can..., can't you?처럼 말하면, 의미는 '~할 수 있죠, 안 그래요?'가 돼요. 상대방이 무언가를 할 수 있는 능력이 있다고 생각되어서 거리낌 없이 뭔가를 부탁하고자 할 때 사용할 수 있는 패턴입니다.

p_ 36.mp3

A <u>Wake up</u>, Tony! Rise and shine. Breakfast is <u>ready</u>.
깨다   준비된

B I'm coming. Good morning.

A Good morning. Did you sleep well last night?

B Yeah, I <u>slept like a log</u>. And you?
      sleep like a log 숙면하다

A So did I.

B Good. Hey, honey, *you can* wake me up tomorrow again, *can't you?*

A Of course. What time do you want me to wake you up?

B Wake me up anytime after 7 a.m.

A 일어나요, 토니! 어서 일어나요. 아침 준비됐어요.

B 가고 있어. 좋은 아침이야.

A 좋은 아침이에요. 지난밤 잘 잤어요?

B 응, 아주 푹 잘 잤어. 자기는?

A 저도요.

B 좋았어. 자기야, 내일 또 깨워줄 *수 있지, 안 그래?*

A 알았어요. 몇 시에 깨워줄까요?

B 오전 7시 이후 아무 때나 깨워줘.

A You can give me a ride home, can't you?

날 집까지 태워줄 수 있지, 안 그래?

B You bet, I can.

당연하지.

💡 차가 고장 나거나 없다면 친구나 동료에게 태워달라고 부탁할 수 있어요. 숙어로 give me a ride home은 '(차로) 날 집까지 태워주다'예요. 명사 ride 대신에 lift를 넣어 give me a lift home처럼 말해도 의미는 같아요.

Possible Answers

Yeah, what are friends for?

응, 친구 좋다는 게 뭐야?

I'd be glad to.

기꺼이 태워주지.

I'm sorry I can't. My car broke down.

미안한데 못 하겠어. 내 차가 고장 났어.

I wish I could, but I can't. My car is in the shop.

그러고는 싶지만, 못하겠어. 내 차가 수리 중이거든.

A You can do it by yourself, can't you?

너 혼자 할 수 있지, 안 그래?

B Absolutely. It's a piece of cake.

당연하지. 식은 죽 먹기야.

Possible Answers

Sure, I can.

물론이지.

Of course. I think I can do it by myself.

물론이지. 혼자 할 수 있을 것 같아.

I'm afraid I can't. In fact, I really need your help.

못할 것 같아. 솔직히, 네 도움이 정말 필요해.

I'm not quite sure, but I'll try.

확신하지는 못하지만, 해볼게.

- bet
  ~이 틀림없다(분명하다), 내기하다
- friend 친구
- break down 고장 나다

- afraid
  염려하는, 두려워하는
- in fact 사실은
- try 노력하다, 시도하다

UNIT
10

Pattern

: 부정의문문

37 Don't you...?

일반 동사를 부정문으로 만들 때 don't, doesn't이 필요하죠. 부정의문문 Don't you...?는 '~하지 않아요?'입니다. 단 Do you..?로 질문하던 Don't you...?라고 하던 답변이 긍정이면 yes로, 부정이면 no로 대답하면 됩니다.

A Excuse me, I'm sorry to bother you. You look familiar. Haven't we met
   성가시게 하다   친숙한, 잘 알고 있는
   before?

B I'm sorry. I don't remember. Do I know you from somewhere?
                   기억하다

A I'm Tony from Chicago. *Don't you* remember me?

B Tony? Now I remember you. Good to see you. It's been a long time. Sorry,
   I couldn't recognize you at first because you have changed a lot.
             인식하다, 알아보다

A You've got to be kidding, right?

B No, I'm not kidding.

A Okay, I understand. Anyway, what are you doing here?
            이해하다

B I'm just waiting for my friend.
           wait for ~을 기다리다

A 실례지만, 귀찮게 해서 죄송합니다. 낯이 익어서요. 우리 전에 어디서 만나지 않았나요?

B 미안해요. 기억이 안 나는데요. 어디서 뵈었던가요?

A 시카고에서 온 토니입니다. 절 기억 *못하시겠어요?*

B 토니? 이제 기억나네요. 만나서 반가워요. 오랜만이에요. 미안해요, 너무 많이 변해서 처음에 못 알아봤
   어요.

A 농담이시죠, 맞죠?

B 아니요, 농담 아니에요.

A 네, 알겠어요. 그건 그렇고, 여긴 웬일이에요?

B 그냥 친구 기다리고 있어요.

A Don't you recognize me?

날 못 알아보겠어요?

B I'm sorry, but do I know you?

죄송하지만, 어디서 뵈었던가요?

💡 길을 가다가 안면이 있다고 느껴지는 사람을 만나게 되면 다가가서 '날 알아보겠어요?'식으로 물어볼 수 있는데요, 동사 recognize를 사용하죠. 뜻은 '알아보다', '인식하다'입니다.

Possible Answers

You're Tony Kim, right?

토니 킴, 맞죠?

Aren't you Jack from New York?

뉴욕에서 온 잭 아니에요?

I beg your pardon?

뭐라고 하셨죠?

I'm sorry, but I don't know who you are.

미안하지만, 당신이 누군지 모르겠어요.

A Don't you get up early in the mornings?

아침마다 일찍 일어나지 않나요?

B Well, it depends on my condition.

글쎄요, 컨디션에 따라 달라요.

Possible Answers

Yes, I'm a morning person.

네, 아침형 인간이에요.

I have difficulty getting up early in the mornings.

아침마다 일찍 일어나는 게 힘드네요.

No, it's a little hard for me to get out of bed.

아니요, 잠자리에서 일어나기가 조금은 힘들어요.

I don't like getting up early every morning.

매일 아침에 일찍 일어나는 걸 안 좋아해요.

📑 단어

• know 알다

• depend on
  ~에 달려있다
• have difficulty -ing
  ~하는 데 어려움이 있다

38 Aren't you...?

보통 be동사 다음에 형용사나 분사가 나오면 주격보어 역할을 합니다. Aren't you+형용사/분사?는 '~이지 않아요?'의 뜻이에요. 꼭 알아두어야 할 점은 be+현재분사(-ing)는 현재진행의 의미로 사용되지만 때로는 가까운 미래를 나타낼 때도 be+현재분사(-ing)로 표현할 수 있어요.

p_ 38.mp3

A *Aren't you* moving tomorrow?

B I was supposed to move, but it was cancelled.
cancel 취소하다

A What's wrong? What is it? Just tell me.

B It's a long story. I don't want to talk about it.

A I hear you. So what are you going to do?

B I don't know what to do. I mean, I'm still on the fence.
be on the fence 고민 중이다

A Why don't you ask for some advice from your parents?
~을 요청하다   충고

B That's a good idea. Will do. Thanks.

A 내일 이사 안 가?

B 이사 갈 예정이었는데, 취소됐어.

A 왜 그래? 무슨 일이야? 그냥 얘기해 봐.

B 말하자면 길어. 그 얘긴 꺼내고 싶지 않아.

A 알았어. 그러면 어떻게 할 건데?

B 뭘 해야 할지 모르겠어. 내 말은, 아직 미결정 상태거든.

A 네 부모님께 조언을 좀 얻는 게 어때?

B 좋은 생각이야. 그렇게. 고마워.

A Aren't you hungry?
배고프지 않아요?

B Yes, just a little bit.
네, 조금은요.

💡 하루 종일 아무것도 먹지 못한 상태라면 배가 너무 고프겠죠. 형용사 hungry는 '배고픈'으로 '배고프다'처럼 표현할 때는 be hungry가 되어야 합니다.

Possible Answers

Yeah, I'm so famished.
응, 너무 고파요.

I'm so hungry.
너무 배고파요.

I'm a little hungry. Let's grab a bite to eat.
좀 고파요. 간단하게 뭐 좀 먹죠.

I'm not that hungry.
그렇게 배고프지는 않아요.

A Aren't you taking the bus?
버스 안 탈거야?

B Well, I don't know for sure.
글쎄, 확실히 모르겠어.

Possible Answers

I'm sick of using public transportation.
대중교통을 이용하는 게 신물이 나.

I prefer taking the subway to taking the bus.
버스 타는 것 보다 지하철 타는 걸 더 선호해.

I don't want to take the bus today.
오늘은 버스타고 싶지 않아.

Yes, in a minute.
응, 잠시 후에.

🔊 단어

• famish 굶주리다
• a little 조금은
• grab a bite to eat 간단히 먹다

• for sure 확실하게
• use public transportation 대중교통을 이용하다
• subway 지하철

조동사 should는 '강한 권유', '충고', '이성적으로 올바른 일을 할 때' 사용합니다. 영어로 Shouldn't you...?라고 하면 '~해야 되는 거 아니에요?'의 뜻으로 상대방에게 뭔가를 충고하거나 권유하고자 할 때 사용하는 패턴이죠.

p_ 39.mp3

A   *Shouldn't you* have a lunch break*?*

B   I'm not that hungry <u>right now</u>. You go ahead.
당장, 지금

A   Okay. I'll have to go out and have some lunch right away. I'm so famished.

B   Rose, what do you want to have for lunch today?

A   I feel like having <u>instant noodles</u> for lunch.
라면

B   Sounds good. Honestly, I <u>normally</u> eat instant noodles at least twice or
대게, 보통은
three times a week.

A   Oh, really?

B   Yes, it is. It's one of my <u>favorite</u> instant foods.
가장 좋아하는

A   이봐, 브라이언! 점심시간을 가져야 되는 거 아냐?

B   지금은 그렇게 배고프지는 않아. 너나 먹어.

A   알았어. 즉시 나가서 점심을 좀 먹어야겠어. 배가 너무 고파.

B   로즈, 오늘은 점심으로 뭐 먹고 싶어?

A   점심으로 라면이 땡기네.

B   그거 괜찮지. 실은, 난 보통 일주일에 적어도 두 세 번은 라면을 먹거든.

A   오, 정말이야?

B   응. 가장 좋아하는 인스턴트 음식들 중에 하나야.

A Shouldn't you give up drinking and smoking?

술 담배 끊어야 하는 거 아닌가요?

B I wish I could, but I can't. It's so hard.

그러고는 싶지만 안 돼요. 너무 힘들어요.

💡 건강에 해로운 술과 담배를 평소에 자주 즐기는 사람이 있으면 한마디 하게 되죠. '술 담배 끊어.'라고 말입니다. 숙어로 give up은 '포기하다', '그만두다'이고 drinking and smoking은 '술과 담배'를 뜻해요.

Possible Answers

Yes, I should. I think I'll have to quit drinking and smoking for my health.

네. 건강을 위해 술 담배를 끊어야 할 것 같아요.

I really want to quit drinking and smoking.

정말 술 담배 끊고 싶어요.

It's easier said than done.

말이야 쉽죠.

I don't want to give up drinking and smoking.

술 담배 끊고 싶지 않아요.

A Shouldn't you make reservations in advance?

미리 예약해야 하는 거 아냐?

B I already did.

이미 예약했어.

Possible Answers

You bet.

당연하지.

Oops, it slipped my mind.

이런, 깜빡 잊고 있었네.

I don't think it's necessary.

그럴 필요는 없어.

Well, let me think it over.

글쎄, 생각해보고.

📖 단어

• quit 그만두다
• health 건강

• bet
  ~이 틀림없다(분명하다),
  내기하다
• slip one's mind
  깜빡 잊어버리다
• necessary
  필수적인, 필요한

40 Can't you...?

조동사 can을 가지고 Can you...?라고 하면, 첫째로 '~할 수 있어요?'로 상대방의 능력을 묻는 것이고, 둘째로 '~좀 해줄 수 있어요?'로 뭔가를 부탁하는 거예요. 반대로 Can't you...?는 '~할 수 없어요?', '~좀 해줄 수 없어요?'의 뜻이 되는 거죠. 여기서 not이 없다고 생각하면 이해가 훨씬 빠를 겁니다.

p_ 40.mp3

A Hi, Mike! Good to see you.

B Sally? You too. How's it going?
　　　　　　　　　　go 가다, 진행되다

A Can't complain. And you?
　　　불평하다

B I'm good. Thanks. Anyway, what are you doing here?

A I'm here to ask you a favor.
　　　　　　　　　　　부탁

B What is it?

A *Can't you* give me a hand with my homework for a moment?
　　　　　　give ~ a hand ~을 돕다　　　　숙제

B I wish I could, but I'm so busy right now. Sorry.
　　　　　　　　　　　　　　　　당장, 지금

A 안녕, 마이크! 만나서 반가워.

B 샐리? 나도. 어떻게 지내?

A 별일 없이 잘 지내. 넌?

B 괜찮아. 고마워. 그건 그렇고, 여긴 웬일이야?

A 부탁 하나 하려고 왔어.

B 뭔데?

A 잠시 내 숙제를 좀 도와주면 안 돼?

B 그러고는 싫지만, 지금 너무 바빠. 미안해.

A Can't you be quiet?

좀 조용히 해줄 수 없니?

B Oh, I'm sorry.

오, 미안해.

단어
- terribly 심각하게
- study 공부하다

💡 시끄럽게 떠드는 사람에게 한마디 하게 되죠. Please be quiet.처럼요. 숙어로 be quiet는 '조용히 하다'로, 때로는 keep your voice down(당신 목소리를 낮추다)으로 말하기도 합니다.

Possible Answers

I'm terribly sorry.

정말 미안해.

I'm so sorry.

정말 미안해.

I'm sorry. I didn't know you were studying here.

미안해. 네가 여기서 공부하고 있는 줄 몰랐어.

Oops! Sorry.

아차! 미안해.

A Can't you remember my name?

내 이름을 기억 못하겠어?

B Sorry, but I'm not good at names.

미안한데, 이름을 잘 기억 못해.

- be not good at ~을 못하다
- be terrible at ~을 못하다
- forget 잊다
- ring a bell 생각나게 하다

Possible Answers

As a matter of fact, I'm terrible at names.

솔직히 말하면, 이름을 잘 기억 못해.

I totally forgot it.

이름을 완전히 잊어버렸어.

What was your name?

이름이 뭐였더라?

I'm sorry, but it doesn't ring a bell.

미안하지만, 기억이 안 나.

UNIT
11

Pattern

: 선택의문문 | 권유문

Do you need to A or B?

누구든지 때로는 양자택일을 할 수 밖에 없는 상황에 놓이게 돼요. 이럴 때 A or B의 구조를 사용하죠. 상대방에게 Do you need to A or B?라고 하면 'A 해야 하나요, 아니면 B 해야 하나요?'의 뜻이에요. 문법적으로 A or B는 똑같은 구조가 되어야 합니다.

p_ 41.mp3

A *Do you need to <u>lose weight</u> or <u>get fat?</u>*
　　　　　　　　살 빼다　　　　　살찌다

B I really need to lose weight.

A What makes you think so?

B I think I'm a little <u>overweight</u>.
　　　　　　　　　　　　과체중인

A You must be kidding, right?

B No, I'm not <u>pulling your leg</u>. I mean it.
　　　　　　pull one's leg ~을 놀리다

A Okay, I got it.

B I think I'll have to <u>cut down on</u> eating meat first.
　　　　　　　　　　~을 줄이다

A 살 빼야 해, 아니면 살 쪄야 해?

B 정말 살 빼야 돼.

A 왜 그렇게 생각하는데?

B 좀 과체중인 것 같거든.

A 농담이겠지, 맞지?

B 아니, 농담하는 거 아냐. 진심이야.

A 알았어, 알았어.

B 우선 고기 먹는 걸 줄여야 할 것 같아.

A Do you need to exercise or work?

운동해야 해, 아니면 일 해야 돼?

B I need to work.

일해야 돼.

💡 건강을 위해 하는 운동을 동사 exercise로 표현할 수 있어요. 때로는 work out이라고도 하는데요. 헬스장 등에서 근력을 단련하기 위한 운동을 말해요. 보통 work out at the gym(헬스장에서 운동하다)처럼 말하죠. 동사로 work 은 '일하다'지만 명사로 work '노동', '직장'입니다. 그래서 '직장에 출근하다' 를 go to work, get to work, leave for work처럼 표현하기도 하죠.

Possible Answers

I think I need to exercise.

운동해야 할 것 같아.

I think I need to work today.

오늘은 일해야 할 것 같아.

I don't know what to do first.

뭘 먼저 해야 할지 모르겠어.

Well, I'm still considering it.

글쎄, 아직도 고민 중이야.

A Do you need to go now or stay here?

지금 가야 해요, 아니면 여기에 있어야 해요?

B I think I need to stay here for a while.

당분간 여기에 있어야겠어요.

Possible Answers

I'd rather stay here.

여기 있는 게 낫겠어요.

I think I need to go right now.

지금 당장 가야겠어요.

I have to stay here.

여기에 있어야 해요.

I haven't decided yet.

아직 결정 못 했어요.

• consider 심사숙고하다

• for a while 당분간
• right now 지금, 당장
• decide 결정하다

42 Which one do you like better, A or B?

A 또는 B처럼 두 가지의 제안된 선택 사항에서 어느 것이 더 마음에 드는지를 상대방에게 묻고자 할 때 사용하는 패턴이 Which one do you like better, A or B?예요. 의미는 'A 또는 B중에서 어느 것이 더 좋아요?'이죠. 답변으로 I like A better. 또는 I like B better.처럼 간단하게 말하면 됩니다.

p_ 42.mp3

A Do you like sports?

B Yes, I do.

A Then *which one do you like better*, baseball *or* soccer?

B I like baseball better than soccer.

A Who's your favorite baseball player?
      가장 좋아하는

B Sin-soo Chu is my favorite baseball player. I think he's a hell of a baseball
                                                                      굉장한
   player.

A I couldn't agree with you more.
             동의하다

B Oh, yeah? That's good to know.

A 스포츠 좋아하세요?

B 네, 좋아해요.

A 그러면 야구나 축구 중 어떤 게 더 좋아요?

B 축구보다는 야구를 더 좋아해요.

A 가장 좋아하는 야구 선수는 누군데요?

B 추신수는 제가 제일 좋아하는 야구 선수예요. 정말 대단한 야구선수 같아요.

A 당신 말에 전적으로 동의해요.

B 오, 그래요? 그렇다면 다행이네요.

A Which one do you like better, spring or summer?
봄 또는 여름 중에 어떤 게 더 좋아?

B Honestly, I don't like either of them.
솔직히, 둘 중 어느 것도 안 좋아해.

💡 우리나라 계절에는 봄(spring), 여름(summer), 가을(fall) 그리고 겨울(winter)처럼 사계절이 있어요. 사람마다 좋아하는 계절이 다르죠. '가을'을 fall(미국식 표현) 또는 autumn(영국식 표현)이라고 합니다.

Possible Answers

I like spring. It's my favorite season.
봄을 좋아해. 내가 가장 좋아하는 계절이거든.

I like spring better than summer.
여름보다는 봄을 더 좋아해.

I love summer better than spring.
봄보다는 여름을 더 좋아해.

I love summer. That's because I like swimming in the ocean.
여름을 정말 좋아해. 바다에서 수영하는 걸 좋아하기 때문이야.

A Which one do you like better, fish or meat?
생선과 고기 중에 어느 것이 더 좋아요?

B I like fish better.
생선을 더 좋아해요.

Possible Answers

I like meat better.
고기를 더 좋아해요.

Either is okay with me.
아무거나 괜찮아요.

Actually, I don't like either of them.
실은, 둘 다 싫어요.

Which one would you recommend?
어느 것을 추천하시겠어요?

단어

• honestly 솔직하게
• season 계절
• ocean 바다

• fish 생선
• actually 사실은
• recommend 추천하다

43 Let's...

상대방에게 뭔가를 제안하고 싶을 때 가장 쉽게 사용되는 말이 Let's...(~합시다)예요. 보통 let's 다음에 제안하거나 권하고 싶은 내용을 동사 자리에 넣으면 되죠. 의미가 같은 다른 표현으로는 How about+명사/동명사? Shall we...? Would you like to...? 등이 있기도 해요.

p_ 43.mp3

A *Let's* have another drink. What do you say?

B I'll pass this time. Thanks. Anyway, Jack, are you good at drinking?
   be good at ~을 잘하다

A Of course, I am. I think I can drink you under the table.
   drink ~ under the table ~을 술로 이기다

B What makes you so sure?

A Well, I just can't pinpoint it, but I saw you get drunk quickly when we
   정확히 지적하다   술 취하다
   last drank together.

B Like you said, I'm not good at drinking, so I get drunk and black out so
                                                                   의식을 잃다
   easily.
   쉽게

A I hear you.

B Thanks for understanding.
               이해, 지식

A 술 한 잔 더 *하자*. 어때?
B 이번에는 그만할게. 고마워. 그런 그렇고, 잭, 너 술 잘해?
A 물론이지. 내가 너보다는 술이 더 셀 걸.
B 뭐 때문에 그렇게 확신하는 거지?
A 글쎄, 딱 꼬집어 말할 수는 없지만, 우리가 마지막으로 함께 술 마셨을 때 너 너무 빨리 취하는 걸 봤거든.
B 네가 말했듯이, 난 술이 약해. 그래서 너무 쉽게 술 취하고 필름이 끊어져.
A 알았어.
B 이해해줘서 고마워.

A Let's go for a walk.

산책하러 가죠.

B Great. That's what I want.

좋아요. 내가 원하던 거예요.

💡 잠시 바람 쐬기 위해 산책하는 경우가 있어요. 숙어로 go for a walk
은 '산책하러 가다'인데요, 비슷한 말로 take a walk(산책하다), take a
stroll(산책하다), go out and take a walk(나가서 산책하다)도 있어요.

Possible Answers

Sounds good.

좋아요.

That's a good idea.

좋은 생각이에요.

I just want to stay home and relax.

그냥 집에 머물면서 쉬고 싶어요.

Isn't it a little cold to take a walk outside today?

오늘 밖에서 산책하기에 좀 춥지 않나요?

A Let's buy some tickets in advance.

미리 표를 몇 장 삽시다.

B Sounds good.

좋아요.

Possible Answers

I already did.

제가 이미 구입했어요.

I'd like to.

좋죠.

That sounds great.

좋아요.

That's a good idea.

좋은 생각이네요.

📖 단어
- want 원하다
- stay home 집에 머무르다
- take a walk 산책하다

- great 훌륭한

44 Shall we...?

상대방에게 뭔가를 적극적으로 권하거나 제안하고자 할 때 사용하는 패턴이 Shall we...?예요. 의미는 '~할까요?'이죠. 미국 영화로도 리메이크된 「Shall We Dance?」는 리처드 기어가 주연한 영화인데요, 뜻은 '춤출까요?'입니다.

p_ 44.mp3

A I'm a little exhausted. I think I need a break.
기진맥진한

B Same here.

A Then *shall we get some fresh air?*
바람을 좀 쐬다

B Okay. Let's go out and take a walk for a moment.
잠시 동안

A That sounds great.

B Good. By the way, how was your last weekend? Did you have fun?
즐거운 시간을 보내다

A Yes, I did. I had a good time with my family at home.
have a good time 좋은 시간을 가지다
What about you?

B I went to the movies with my little sister and then we had dinner
go to the movies 극장에 가다
together.

A 좀 지치네요. 잠깐 휴식이 필요할 것 같아요.

B 저도요.

A 그러면 바람이나 좀 쐴까요?

B 알았어요. 나가서 잠깐 산책합시다.

A 그거 좋죠.

B 잘됐네요. 그런 그렇고, 지난 주말은 어땠어요? 재밌었나요?

A 네. 집에서 가족과 좋은 시간 보냈어요. 당신은요?

B 여동생과 극장에 가고 난 뒤 우린 저녁을 함께 먹었어요.

A **Shall we go out for dinner?**
저녁 외식 할까요?

B **Sure, but this time I'll pay.**
알았어요, 하지만 이번에는 제가 살게요.

💡 집에서 먹는 음식이 때로는 지겨울 때가 있어요. 가끔은 식사 준비 대신에 나가서 외식하고 싶어지는 때가 있기도 하죠. 숙어로 go out for lunch(점심 먹으러 나가다) 또는 go out for dinner(저녁 먹으러 나가다)라고 합니다.

Possible Answers

Sounds good. Which restaurant do you have in mind?
좋아요. 어떤 식당 생각해 두었나요?

Good. How about Chinese food?
좋아요. 중국 음식 어때요?

I wish I could, but I can't. I have to stay home.
그러고는 싶지만, 안 돼요. 집에 있어야 하거든요.

Maybe some other time.
나중에 해요.

A **Shall we go hiking?**
하이킹하러 갈까요?

B **I'm afraid I can't. I have other plans.**
못할 것 같아요. 선약이 있거든요.

Possible Answers

I'd like to. You name the time.
좋아요. 시간만 얘기하세요.

I'd love to, but I have a lot of things to do today.
좋죠, 하지만 오늘은 할 일이 많아요.

Hiking is not my thing.
하이킹하고는 거리가 멀어요.

Hiking is not my cup of tea.
하이킹에는 관심 없어요.

• pay 지불하다
• have in mind
  ~을 생각하고 있다

• name 지정해서 말하다
• a lot of 많은

UNIT
12

Pattern

: Why

45 Why do you...?

누군가가 평소 때와는 사뭇 다르게 행동하거나 말을 하게 되면 그 이유가 뭐길래 그런 행동과 말을 하는지 궁금하게 되죠. 의문사 why를 활용해서 Why do you...?라고 하면 '왜 ~해요?'의 뜻입니다.

p_ 45.mp3

A What do you think about this dress?

B I don't know how to put this.

A What are you talking about?
      talk about ~에 대해 얘기하다

B Gloria, I think it makes you look a little fat.
                                        조금은

A *Why do you* say that?

B Don't take it seriously. I'm just kidding.
                  심각하게

A What? Don't say such a thing even in jest.
                                          농담으로

B I'm sorry, but my intentions were good.
                      의도

A 이 옷 어때?

B 어떻게 얘기해야 할지 모르겠어.

A 무슨 얘기 하고 있는 거야?

B 글로리아, 그 옷을 입으니까 너 좀 뚱뚱해 보이는 것 같아.

A *왜* 그런 말을 *해?*

B 심각하게 받아들이지 마. 그냥 농담한 거야.

A 뭐라고? 농담이라도 그런 말 하지 마.

B 미안해, 원래 그럴 의도는 아니었어.

A Why do you like this smartphone?

이 스마트폰이 왜 좋은 거니?

B Because I like the design.

디자인이 마음에 들기 때문이야.

💡 요즘 스마트폰이 대세인데요. 자신이 마음에 드는 스마트폰이 있으면 동사 like를 사용하면 되죠. 즉 like this smartphone은 '이 스마트폰을 좋아하다'나 '이 스마트폰이 마음에 들다'입니다.

Possible Answers

It's a brand new one.

새로 나온 스마트폰이라 그래.

I like its color.

색깔이 마음에 들거든.

It's not that expensive.

그렇게 비싸지가 않아서야.

It has a lot of functions.

기능이 다양해.

🗨 단어

• brand new 신제품의
• expensive 비싼
• function 기능

A Why do you have to leave right now?

왜 지금 당장 떠나야 하는 건데?

B My girlfriend is waiting for me.

내 여자 친구가 날 기다리고 있어.

Possible Answers

I have a seminar to attend.

참석해야 할 세미나가 있어.

I have an urgent meeting.

급한 모임이 있어.

I have to go to the train station to pick up my little sister.

여동생 데리러 기차역에 가야 해.

Because I have an important business meeting to attend.

참석해야 할 중요한 사업상 미팅이 있기 때문이야.

• wait for ~을 기다리다
• attend 참석하다
• urgent 급한
• important 중요한

Why don't you...?

영어회화에서 Why don't you...?는 상대방에게 뭔가를 권유하거나 제안하고자 할 때 사용하는 패턴이에요. 의미는 '~하는 게 어때요?'예요. 권하거나 제안하고 싶은 내용을 동사 자리에 넣어서 자유롭게 표현하면 되죠.

p_ 46.mp3

A Hello. May I help you?

B No, thanks. I'm just looking.
둘러보다

A All right. Do as you please.

B Thank you. Um, excuse me? I would like to try this jacket on.

A Okay. Then *why don't you* try it on in the dressing room over there*?*
탈의실

B That sounds good. Thank you so much. You're so friendly. By the way, let
친절한, 상냥한
me ask you something. What's the price of this jacket?
가격

A Well, I'm not sure, but there is a price tag attached to it.
가격표

B Oh, I see. Thanks.

A 안녕하세요. 도와드릴까요?

B 아뇨, 괜찮아요. 그냥 둘러보는 거예요.

A 알겠습니다. 좋으실 대로 하세요

B 고마워요. 음, 죄송한데요? 이 재킷 입어보고 싶어요.

A 알았어요. 그러면 저쪽에 탈의실에서 입어 보는 *게 어떨까요?*

B 좋아요. 정말 고마워요. 매우 친절하시군요. 그런데요, 뭐 좀 물어볼게요. 이 재킷은 얼마예요?

A 글쎄요, 잘 모르겠어요, 하지만 옷에 가격표가 붙어 있어요.

B 오, 그래요. 고마워요.

A **Why don't you get some sleep?**
잠 좀 자지 그래?

B **I'm not sleepy yet.**
아직은 졸리지가 않아.

💡 피곤하면 잠시 눈을 감고 숙면을 취하고 싶어지죠. 숙어로 get some sleep 은 '잠 좀 자다'입니다. 숙면과 관련된 표현으로 go to bed(취침하다), go to sleep(잠들다), have some sleep(눈 좀 붙이다)등이 있기도 해요.

Possible Answers

That sounds good.
좋아.

I'd like to.
좋고말고.

Not yet.
아직은 아냐.

I'm afraid I can't, because I have to finish this first.
못할 것 같아, 우선 이걸 끝내야 하거든.

A **Why don't you have a drink with me?**
나와 술 한 잔 하죠?

B **Sounds good. How about drinking after work?**
좋아요. 퇴근 후에 마시는 게 어때요?

Possible Answers

Good. What time shall we meet?
좋아요. 몇 시에 만날까요?

I'm afraid I can't. Drinking isn't my thing.
못하겠어요. 술 하고는 거리가 멀거든요.

I'm good, thanks.
전 됐어요, 고마워요.

I quit drinking a couple of days ago.
며칠 전에 술 끊었어요.

📣 단어

• sleepy 졸린
• finish 끝내다

• after work 퇴근 후에
• quit 그만두다

47 Why did you...?

과거에 했었던 일 뒷면에 숨겨져 있는 이유가 뭔지 궁금해서 상대방에게 직접 묻고자 할 때 사용하는 패턴이 Why did you...?예요. 의미는 '왜 ~했어요?'로 궁금한 내용을 동사 자리에 넣어서 물어보면 되죠.

p_ 47.mp3

A Jim, you look worried about something. What is it?
  걱정되는

B I'm looking for my wallet, but I can't find it.

A What do you mean?
  의미하다

B I lost my wallet this morning. I'm so worried.
  지갑

A *Why did you* lose your wallet?

B I don't know exactly why I lost it.
  정확하게

A If you don't mind, let me help you find your wallet.
  주저하다, 꺼려하다

B Oh, really? Thanks a lot.

A 짐, 뭔가 걱정 있어 보여. 왜 그래?

B 내 지갑 찾고 있는데, 못 찾겠어.

A 무슨 뜻이야?

B 오늘 아침에 지갑을 잃어버렸어. 너무 걱정된단 말이야.

A 왜 지갑을 잃어버렸던 거야?

B 그걸 왜 잃어버렸는지 정확히 모르겠어.

A 괜찮다면, 내가 네 지갑 찾는 거 도와줄게.

B 오, 정말? 고마워.

A Why did you choose this place?

왜 이 장소를 선택했죠?

B It's close to my house.

우리 집에서 가깝거든요.

💡 뭔가를 선택할 때 동사 choose를 사용합니다. 그러므로 choose this place처럼 말하면 '이 장소를 선택하다'예요.

Possible Answers

It's close to my new office.

내 새 사무실에서 가까워요.

Too many to list.

일일이 열거하기가 힘들어요.

It overlooks the lake.

호수가 내려다보여요.

Well, I can't say anything for sure.

글쎄요, 확실하게 말 못하겠어요.

┌ 📣 단어 ──────
• overlook 내려다보이다
• for sure 확실하게

A Why did you text me?

왜 나에게 문자 보냈어요?

B Did I? No! I didn't text you.

제가요? 아니요! 문자 안 했는데요.

Possible Answers

Are you saying that I texted you?

제가 당신에게 문자 보냈다는 얘긴가요?

Did I? I didn't text you at all.

제가요? 전혀 문자 안 보냈어요.

I didn't text you. Just check it again.

문자 안 보냈어요. 다시 확인해봐요.

I just texted you to remind you of your appointment scheduled for Monday.

월요일로 잡혀있는 약속을 상기시켜주려고 그냥 문자 보냈어요.

• check 확인하다
• remind 상기시키다
• appointment 약속

48 Why were you...?

형용사나 분사는 바로 주격 보어 역할을 하죠. 주어의 기분이나 상태를 설명해 주는 거예요. 즉 Why were you+형용사/분사?라고 말하게 되면 '왜 ~했어요?'의 뜻이 돼요. 예를 들어서 주위에 있는 친구나 동료가 갑자기 평소와는 완전 다른 모습을 보였다면 Why were you+형용사/분사?식으로 물어보면 되는 거죠.

p_ 48.mp3

A Sally, *why were you* mad at me yesterday?
어제

B Because you lied to me again.
lie 거짓말하다

A Did I?

B Yes, you did.

A What did I lie to you about this time?

B You promised to pay me back as soon as possible, but you didn't.
promise 약속하다   pay back 돈을 갚다   가능한 빨리

A Oh, I'm terribly sorry, it slipped my mind.
매우, 심각하게   slip one's mind 깜빡 잊어버리다

B I knew it.

A 샐리, 어제 나한테 *왜 화났던 거지?*

B 나한테 또 거짓말했기 때문이야.

A 내가?

B 응.

A 이번에는 내가 너한테 뭘 거짓말 했는데?

B 가능한 빨리 돈 갚겠다고 나한테 약속했었는데, 안 갚았잖아.

A 오, 정말 미안해, 내가 깜박했어.

B 그럴 줄 알았어.

A　Why were you upset this morning?

왜 오늘 아침에 기분 상했어?

B　My girlfriend dumped me this morning.

오늘 아침에 여자 친구가 날 찼어.

💡 때로는 남이 한 말이나 행동에 기분이 나쁠 수가 있어요. 형용사 upset은 '기분 나쁜', '언짢은'이고 시간을 나타내는 this morning은 '오늘 아침에'의 뜻입니다.

Possible Answers

My boss got angry at me this morning.

오늘 아침에 사장님이 내게 화냈어.

Tony lied to me again.

토니가 내게 또 거짓말했어.

I lost my wallet this morning.

오늘 아침에 지갑을 잃어버렸어.

I failed the exam again.

시험 또 망쳤어.

A　Why were you late this morning?

오늘 아침에 왜 늦었어요?

B　I had to see a doctor.

병원에 가봐야만 했어요.

Possible Answers

I got a flat tire on the street.

길에서 차가 펑크 났어요.

I had a car accident.

차 사고가 있었어요.

I was a little sick this morning.

오늘 아침에 조금 아팠어요.

I had to go to the airport.

공항에 가야만 했거든요.

📖 단어

• dump 버리다, 차 버리다
• angry 화난
• wallet 지갑
• fail the exam
  시험에 떨어지다

• see a doctor
  진찰을 받다, 병원에 가다
• get a flat tire
  타이어가 펑크 나다
• car accident 차사고

UNIT
13

Pattern

: When

보통 be going to는 미래에 할 일을 과거에 미리 계획에 두었을 때 사용합니다. 하지만 조동사 will은 자신의 의지를 나타낼 때나 불확실한 미래를 언급할 때 씁니다. 영어로 When are you going to...?는 '언제 ~할 거예요?'로, 조심할 점은 to 다음에 장소를 나타내는 명사가 나오면 '언제 ~에 갈 거예요?'의 뜻이에요.

p_ 49.mp3

A Sam, do you mind if I ask you some personal questions?
개인적인, 사적인

B I don't mind. What is it that you want to ask me about?

A Are you seeing anyone?
be seeing someone ~(이성으로)를 만나다, 교재하다

B Yes, I am.

A Then *when are you going to* get married *to her*?
결혼하다

B I have no idea.

A What do you mean?
의미하다

B Well, I can't pinpoint it right now.
정확히 지적하다   지금, 당장

A 쌤, 몇 가지 개인적인 질문해도 돼?

B 괜찮아. 나한테 묻고 싶은 게 뭔데?

A 사귀는 사람 있어?

B 응, 있어.

A 그러면 *언제* 그녀와 결혼할 *거야?*

B 모르겠어.

A 무슨 뜻이야?

B 글쎄, 지금은 꼬집어 말할 순 없어.

A When are you going to quit drinking?
언제 술 끊으려고 그래?

B To be honest, I'm not going to give up drinking.
솔직히, 술 안 끊을 거야.

💡 술도 지나치면 몸에 해롭습니다. '술을 끊다'를 quit drinking이라고 하는데요, 동사 quit 대신에 give up을 넣어 give up drinking이라고 해도 '술을 끊다'가 됩니다.

Possible Answers

Like I said, it's almost impossible to give up drinking.
내가 말했듯이, 술 끊는 건 거의 불가능해.

Well, it's none of your concern.
글쎄, 그건 네가 상관할 일이 아냐.

Do you really want me to give up drinking?
정말 내가 술 끊었으면 하는 거야?

I'm not planning to quit drinking.
술 끊을 생각은 없어.

A When are you going to visit Japan?
일본은 언제 방문할 거예요?

B At the end of this month.
이번 달 말쯤에요.

Possible Answers

The sooner the better.
빠르면 빠를수록 더 좋아요.

I'm supposed to go there on Sunday.
일요일에 그곳에 가기로 되어있어요.

I'm not sure.
확실하지 않아요.

I haven't made up my mind yet.
아직 결정 안 했어요.

📢 단어

• to be honest 솔직히
• give up drinking 술 끊다
• impossible 불가능한
• concern 걱정, 염려

• make up one's mind
  결심하다

50 When can I...?

뭔가를 언제 할 수 있는지 궁금해서 상대방에게 묻고 싶을 때 사용하는 패턴이 When can I…?예요. 뜻은 '언제 ~할 수 있어요?'로, 동사 자리에 하고 싶은 내용을 넣어서 표현하면 되죠.

p_ 50.mp3

A Good afternoon, ma'am. What can I do for you?

B Hello. I'm here to get a refund on this dress.
환불을 받다

A What's the problem?

B My husband bought the same dress as this one.

A Oh, yeah?

B Of course. *When can I* get a refund on this?

A Do you have the receipt?
영수증

B Sure, I do. One moment, please. Here you go.

A 안녕하세요, 손님. 뭘 도와드릴까요?

B 안녕하세요. 이 옷 환불받으러 왔어요.

A 뭐가 문제죠?

B 남편이 이것과 똑같은 옷을 샀거든요.

A 정말요?

B 정말이에요. *언제* 이거 환불 받을 수 있죠?

A 영수증 있으세요?

B 물론이죠. 잠깐만요. 여기 있습니다.

A When can I schedule you for an appointment?

당신과 약속을 언제 잡을 수 있을까요?

B Let me check my schedule first.

우선 일정을 확인해볼게요.

💡 중요한 약속을 잡고 싶을 때가 있어요. 네이티브들은 이런 상황에서 schedule you for an appointment처럼 말하는데요, 한마디로 '당신과 약속을 잡다'입니다.

Possible Answers

How about this Friday?

이번 금요일 어때요?

This Sunday would be good.

이번 일요일이 좋을 것 같아요.

When is the most convenient time for you?

언제가 가장 편하세요?

Anytime after 6 will be fine.

6시 이후 아무 때나 좋아요.

A When can I come over to your place?

네 집에 언제 들를 수 있어?

B How about tomorrow afternoon?

내일 오후가 어때?

Possible Answers

Well, anytime is okay with me.

글쎄, 아무 때나 괜찮아.

You can visit my house anytime today.

오늘 아무 때나 내 집에 와도 돼.

How about next Friday?

다음 금요일이 어때?

That depends.

상황에 따라 달라.

📃 단어 ─────

• check 확인하다
• Sunday 일요일
• convenient 편리한

• visit 방문하다
• depend 달리다, 의존하다

When did you last...?

When was the last time 주어+과거동사?를 좀 더 간결하게 표현하면 When did you last...?가 돼요. 뭔가를 마지막으로 한 게 언제인지를 알려고 할 때 사용하죠. 의미는 '마지막으로 ~한 게 언제예요?'입니다.

p_ 51.mp3

A *When did you last* go to New York*?*

B Last September, I think.

A How was your trip? Did you have fun?
   여행　　　　　재미있는 시간을 가지다

B Yes, I did. I had a lot of fun. I think it's worth a revisit.
   　　　　　　　　　　　　　　　　　　　재방문

A I'm with you 100%. In fact, I went there a couple of weeks ago.
   　　　　　　　사실

B Oh, really? How was New York?

A It was awesome. I really want to visit there again someday in the future.
   멋진, 굉장한　　　　　　　　　　　　언젠가

B Likewise.

A 마지막으로 뉴욕에 간 게 언제야?

B 지난 9월인 것 같아.

A 여행은 어땠어? 재밌었어?

B 응. 난 아주 재미있게 놀았어. 재방문할 가치가 있는 거 같아.

A 백퍼센트 공감해. 사실, 난 몇 주 전에 그곳에 갔었거든.

B 오, 정말이야? 뉴욕은 어땠어?

A 끝내줬지. 미래에 언젠가 그곳을 정말 또 방문하고 싶어.

B 나도 마찬가지야.

A When did you last go on a trip?

마지막으로 여행을 간 게 언제야?

B Less than a week ago.

일주일이 채 안 됐어.

💡 숙어로 go on은 '(일을) 시작하다'인데요, 뒤에 a trip이 나오면 '여행을 시작하다', 즉 '여행가다'입니다. 응용해서 go on a business trip이라고 하면 '출장가다'의 뜻이 되죠.

Possible Answers

The last time I went on a trip was last Monday.

마지막으로 여행 갔던 것이 지난 월요일이었어.

Last month.

지난달에.

Well, let me see. A couple of months ago.

글쎄, 어디 보자. 몇 달 전에.

I don't remember when I last went on a trip. I'm getting forgetful these days.

마지막으로 여행 갔던 게 언제인지 기억이 안 나. 요즘 기억이 가물가물해.

A When did you last talk with Sam?

쌤과 마지막으로 얘기를 나눈 게 언제야?

B A couple of hours ago.

몇 시간 전에.

Possible Answers

Almost two months ago.

거의 두 달 전에.

A couple of days ago.

며칠 전에.

It doesn't ring a bell.

기억이 안 나.

I don't remember when I talked with him last.

그와 마지막으로 얘기 나눈 게 언젠지 기억이 안 나.

📣 단어 ─────

• remember 기억하다
• forgetful 잘 잊어버리는
• these days 요즘에

• ring a bell 생각나게 하다

52 When should I...?

조동사 should는 '해야 한다'라는 뜻으로 '강한 권유'나 '충고' 또는 '이성적으로 올바른 일을 할 때' 사용해요. 즉 When should I...?는 '언제 ~해야 해요?'로 질문의 초점은 바로 의문사 when입니다.

p_ 52.mp3

A Honey, *when should I do some house chores* with you*?*
집안일을 좀 하다

B How about doing them after lunch?
점심 식사 후

A I don't think that's a good idea.

B What makes you say that?

A Because I have other plans after lunch.

B Then I think we should do them right after breakfast.

A Okay. Let's have breakfast first. I'm so hungry.
배고픈

B I got it.

A 여보, 자기랑 집안일은 *언제 해야 돼?*

B 점심 먹고 나서 하는 게 어때?

A 좋은 생각 같지 않은데.

B 왜 그렇게 말하는 거야?

A 점심 식사 후에 선약이 있어서 그래.

B 그러면 아침 식사 하고 바로 하는 게 좋을 것 같아.

A 알았어. 우선 아침 식사나 하자. 너무 배고프단 말이야.

B 알았어.

A **When should I call you?**

언제 너에게 전화해야 하지?

B **I think you should call me tonight.**

오늘 밤 나에게 전화하는 게 좋을 것 같아.

· depend on ~에 달려있다
· get off work 퇴근하다

💡 동사 call은 '전화하다'입니다. 그래서 call you처럼 말하면 '당신에게 전화하다'가 됩니다. 물론 call을 명사로 사용해서 give you a call처럼 말해도 '당신에게 전화를 걸다'처럼 비슷한 뜻을 가집니다.

Possible Answers

That depends on you.

너에게 달렸지 뭐.

How about tonight?

오늘 밤이 어때?

Anytime after 7 would be fine.

7시 이후라면 언제든지 좋아.

Just call me when you get off work.

퇴근할 때 전화해.

A **When should I treat you to dinner?**

언제 너에게 저녁 사줘야 하는 거야?

· decide 결정하다

B **You don't have to do that.**

그럴 필요가 없어.

Possible Answers

What about tonight?

오늘 밤은 어때?

What about buying me dinner tonight?

오늘 밤 나한테 저녁 사주는 건 어때?

Well, you decide.

글쎄, 네가 결정해.

You don't need to buy me dinner.

나에게 저녁을 사줄 필요가 없어.

UNIT
14

Pattern

: Where

Where can I...?

Where is...?보다는 좀 더 공손한 느낌을 풍기게 되는 Where can I...?는 '어디서 ~할 수 있어요?'의 뜻이에요. 해외여행을 하다보면 낯선 장소에서 전혀 모르는 낯선 사람에게 장소나 위치를 묻게 되는 상황에 놓이게 되죠. 이럴 때 Where can I...? 패턴으로 물어볼 수 있답니다.

p_ 53.mp3

A Wendy? Good to see you again.

B You too.

A Come on in. Have a seat.

B Thank you. Wow, it's <u>raining cats and dogs</u> today.
   rain cats and dogs 비가 엄청 내리다

A Yes, it sure is.

B Tim, *where can I* leave my <u>umbrella?</u>
   우산

A You can <u>leave</u> it here if you don't mind.
   두다, 떠나다

B Thanks.

A 웬디? 또 만나서 반가워요.

B 저도요.

A 어서 들어오세요. 앉으세요.

B 고맙습니다. 와우, 오늘은 비가 엄청 오네요.

A 네, 확실히 그래요.

B 팀, 우산을 *어디에* 둘 수 있어요?

A 괜찮다면 여기에 두세요.

B 고마워요.

A Where can I find the restroom?
화장실을 어디서 찾을 수 있어요?

B Please go straight for 2 minutes and turn right.
2분 정도 쭉 가서 오른쪽으로 도세요.

💡 해외여행을 하는 도중에 급한 용무가 생기면 지나가는 사람에 꼭 묻게 말이 '화장실 어디에 있어요?'입니다. 이럴 때 find the restroom를 사용하는데요, 뜻은 '화장실을 찾다'입니다.

Possible Answers

There is one on the second floor of this building.
이 건물 2층에 있어요.

Can you see that building over there? There's one on the first floor.
건너편 저 건물 보이세요? 일층에 화장실이 있어요.

That's what I'm looking for, too.
저 역시 찾고 있어요.

One moment, please. Let me ask around and let you know.
잠깐만요. 제가 주위사람들에게 물어보고 알려 드릴게요.

A Where can I catch the bus to the airport?
공항 가는 버스를 어디서 탈 수 있나요?

B There is a bus stop at the corner.
모퉁이에 버스 정류장이 있어요.

Possible Answers

There's a bus stop behind this building.
이 건물 뒤에 버스 정류장이 있어요.

Let me ask around.
주위 사람들에게 물어볼게요.

I'm sorry, but I'm a stranger here myself.
미안하지만, 저도 여기가 초행길이에요.

Sorry, but this is my first time here.
죄송한데요, 여기에는 처음 왔어요.

📧 단어

• trun right 오른쪽으로 돌다
• floor 층
• look for ~을 찾다

• bus stop 버스 정류장
• stranger 낯선 사람

조동사 should는 '권유', '충고', '옳은 일을 말할 때' 사용하죠. 뜻은 '해야 한다'예요. 장소를 나타내는 의문사 where와 함께 사용해서 Where should I...?라고 하면 '어디서 ~해야 해요?'의 뜻입니다. 뭔가를 어디서 해야 할지 모를 때 이 패턴으로 물어볼 수 있어요.

p_ 54.mp3

A Hello, *where should I* take you, ma'am?

B Please take me to the nearest department store.
백화점

A All right. Buckle up, please.

B Okay. Anyway, how long does it take to get there?
그곳에 도착하다

A It usually takes about 20 minutes.

B 20 minutes? I see.

A Are you a tourist or something?
여행객   ~이든가 뭔가

B Yes, I am. I'm a tourist from Chicago.

A 안녕하세요, *어디로* 모실*까요*, 손님?

B 가장 가까운 백화점으로 가주세요.

A 알겠습니다. 안전벨트 매주십시오.

B 알겠어요. 그런 그렇고, 그곳에 도착하는 데 얼마나 걸리죠?

A 보통 20분 걸립니다.

B 20분이요? 그렇군요.

A 혹시 여행객이세요?

B 네. 시카고에서 온 여행객입니다.

A Where should I take the bus to go downtown?
시내가려면 어디서 버스를 타야 해요?

B There's a bus stop in front of this building.
이 건물 앞에 버스 정류장이 있어요.

💡 시내로 갈(go downtown) 경우 대중교통을 이용하게 됩니다. 택시나 버스를 타게 되는데요, 비용절감 차원에서 버스를 타고 시내를 갈 때가 있어요. 이 말을 take the bus to go downtown이라고 합니다.

Possible Answers

There's a bus stop across the street.
길 건너에 버스 정류장이 있어요.

There's a bus stop over there. Take bus number 18 to go downtown.
저쪽에 버스 정류장이 있어요. 시내가려면 18번 버스를 타세요.

There is no bus stop nearby. I think you should take a taxi instead.
근처에 버스 정류장이 없어요. 대신 택시를 타는 게 좋을 것 같아요.

I'm sorry, but I'm new here myself.
죄송하지만, 제가 여기에는 처음 왔어요.

A Where should I put my suitcase?
여행 가방을 어디에 둬야 해?

B Well, how about leaving it by the sofa?
글쎄, 소파 옆에 두는 게 어떨까?

Possible Answers

Just leave it in the closet.
그냥 벽장 안에 둬.

On the table.
테이블 위에 놔.

I think you should leave it by the door.
문 옆에 두는 게 좋을 것 같아.

How about putting it on the sofa?
소파 위에 두는 게 어때?

📋 단어

- bus stop 버스 정류장
- across the street 길 건너
- nearby 근처에
- take a taxi 택시를 타다

- closet 벽장

55 Where did you...?

상대방에게 과거에 뭔가를 어디서 했는지를 묻고 싶을 때 사용하는 패턴이 Where did you...?예요. 뜻은 '어디서 ~했어요?'로, 동사시제가 과거에 중점을 두었습니다.

p_ 55.mp3

A Wow, you're dressed up today. You look good.
　　be dressed up 옷 잘 차려 입다

B Thanks.

A Did you buy this new jacket?

B Yeah. I got it yesterday.
　　　　　　　　　　어제

A It looks good on you.

B Really? Thanks for saying that.

A *Where did you* get this jacket?

B I bought it on sale at a department store yesterday afternoon.
　　　　　　　　　　백화점에서

A 와우, 오늘 옷 쫙 빼 입었네. 멋져 보여.

B 고마워.

A 이 새로운 재킷 산 거야?

B 응. 어제 구입했어.

A 너에게 잘 어울려 보여.

B 정말? 말이라도 고마워.

A 이 재킷을 *어디에서* 구입했어?

B 어제 오후에 백화점에서 세일 때 샀어.

A Where did you go on your vacation?

휴가로 어디에 갔었어요?

B I went to Sydney with my family.

가족이랑 시드니에 갔어요.

💡 휴가를 간다는 것을 즐거운 일입니다. 동사 go는 '가다'이고 명사 vacation는 '휴가'입니다. 즉 go on your vacation은 '당신 휴가로 가다'예요.

Possible Answers

I just stayed home and relaxed.

그냥 집에 머물면서 쉬었어요.

I just visited my friend's house.

그냥 친구 집에 갔어요.

I didn't go anywhere.

아무 데도 가지 않았어요.

To Jeju island.

제주도요.

A Where did you watch that movie?

그 영화를 어디서 봤어?

B I watched it on TV.

TV에서 봤어.

Possible Answers

I watched it on my smartphone.

스마트폰으로 봤어.

I watched it at the movie theater.

영화관에서 봤어.

I watched it at my friend's yesterday.

어제 친구 집에서 봤어.

Well, where did I watch it? It doesn't ring a bell.

글쎄, 어디서 봤더라? 기억이 안나.

📣 단어 ─────────

• stay home 집에 머무르다
• visit 방문하다

• movie theater 영화관
• ring a bell 생각나게 하다

56 Where is...?

간단하게 Where is+명사(구)?는 '~은 어디에 있어요?'의 뜻이 되죠. 그런데 이 말보다는 조동사 can을 사용해서 Can you tell me where+명사(구) is?라고 하면 좀 더 공손한 뉘앙스를 풍기게 되죠. 여기서 can을 could로 바꾸면 더욱더 정중한 의미를 전달하게 됩니다.

p_ 56.mp3

A Excuse me, could you help me for a second?
  잠깐

B Of course. What can I do for you?

A *Where is* the parking lot?
  주차장

B Can you see that tall building? There's one behind it.

A Oh, really? Thank you.

B Of course.

A Do you live here?

B Sure, I do. In fact, I know this area like the back of my hand.
  실은   know ~ like the back of one's hand ~을 손바닥 보듯 훤히 알다

A 저기요, 잠깐만 도와주시겠어요?

B 물론이죠. 뭘 도와드릴까요?

A 주차장은 *어디에 있는 거죠?*

B 저 큰 빌딩 보여요? 뒤에 있어요.

A 오, 정말요? 고마워요.

B 천만에요.

A 여기 살아요?

B 물론이죠. 실은, 이 지역을 구석구석 잘 알아요.

A Where is the nearest bank?
가장 가까운 은행은 어디에 있어요?

B I'm on my way there. Please follow me.
그곳에 가는 중이에요. 절 따라오세요.

💡 때로는 돈을 입출금하기 위해 은행에 가야 하는데요, 혹시 초행길이라면 주위 사람에게 도움을 요청하게 됩니다. 영어로 the nearest bank는 '가장 가까운 은행'을 말해요.

Possible Answers

There is one at the corner.
모퉁이에 있어요.

You mean you're looking for a bank?
은행 찾고 있다는 얘긴가요?

Beats me.
모르겠어요.

I haven't the slightest idea.
전혀 모르겠어요.

A Where is his new office?
그의 새 사무실은 어디에 있어요?

B I have no idea.
잘 모르겠어요.

Possible Answers

It is behind this bank.
이 은행 뒤에 있어요.

In Hong Kong, I guess.
홍콩에 있어요.

That's what I want to know too.
나 역시 그게 알고 싶어요.

You got me there.
모르겠군요.

📧 단어
• follow 따라가다
• look for ~을 찾다

• office 사무실
• guess 추측하다

UNIT
15

Pattern

: What

57 What's wrong with...?

스스로 어떤 문제가 생긴 것 같다고 느껴질 때 꼭 문제의 원인이 뭔지 궁금해서 묻게 됩니다. 형용사 wrong은 '틀린', '잘못된'의 뜻으로 What's wrong with+명사(구)?는 '~에 뭐가 잘못된 거예요?'입니다.

p_ 57.mp3

A *What's wrong with* **your car**?

B I got a flat tire.
get a flat tire 타이어가 펑크 나다

A When did it happen?
발생하다

B It happened when I was on my way back home.
on one's way back home 집으로 돌아오는 길에

A Did you call the repair shop?
정비소

B No, I didn't.

A Then I think you should call them right away.
즉시

B Maybe I should.

A 네 차가 왜 이래?

B 타이어가 펑크 났어.

A 언제 그랬는데?

B 집으로 돌아오는 길에 그랬어.

A 정비소에 전화했어?

B 아니, 안 했어.

A 그러면 지금 당장 전화하는 게 좋을 것 같아.

B 아마 그래야겠어.

A What's wrong with your computer?

당신 컴퓨터가 뭐가 잘못되었나요?

B Well, I don't know for sure.

글쎄요, 확실히 모르겠어요.

단어
- break down 고장 나다
- know 알다
- wrong 틀린, 잘못된

💡 요즘은 컴퓨터로 작업을 하는 게 많이 보편화 되었습니다. 영어로 your computer라고 하면 '당신 컴퓨터'예요. 노트북은 laptop computer라고 하고 탁상용 컴퓨터를 desktop computer처럼 말합니다.

Possible Answers

It doesn't work right.

제대로 작동이 안 돼요.

My computer broke down again.

제 컴퓨터가 또 고장 났어요.

Well, that's what I want to know.

글쎄요, 그게 제가 알고 싶은 거예요.

I have no idea, but there must be something wrong with it.

잘 모르겠어요, 하지만 뭔가 잘못된 게 분명해요.

A What's wrong with this copier?

이 복사기가 뭐가 잘못되었죠?

B Let me check it for you.

제가 확인해 볼게요.

- check 확인하다
- change 변경하다, 바꾸다
- copier 복사기

Possible Answers

It's out of toner.

토너가 없어요.

It doesn't work.

작동이 안 돼요.

We need to change the toner.

토너를 바꿔야 해요.

The copier is jammed again.

복사기가 또 걸렸어요.

58 What did you think of...?

영어로 think of는 '~을 생각하다'로 어떤 사물이나 사람에 대해서 순간적으로 떠오르는 생각을 말할 때 쓰지만, think about은 '~에 대해서 생각하다'로, 시간을 좀 두고 진지하게 생각하고 그 느낌을 전할 때 사용합니다. 영어로 What did you think of+명사(구)?는 '~은 어땠어요?'의 뜻이에요.

p_ 58.mp3

A *What did you think of* **this new program**?

B It was different from **what you had** explained.
be different from ~와 다르다   explain 설명하다

A **What made you think so?**

B **It was** way too complicated **to use.**
너무 복잡한

A **Is that true?**

B **Yes, it is. So I don't know what to do with it now.**

A **No worries. Let me show you** in detail **how to use this program.**
자세히, 상세하게

B **Thank you so much.**

A 이 새로운 프로그램은 *어땠어요?*

B 당신이 설명했던 것과는 달랐어요.

A 왜 그렇게 생각하셨죠?

B 사용하기가 너무 복잡했거든요.

A 그게 사실이에요?

B 네. 그래서 이제 어떻게 해야 할지 모르겠어요.

A 걱정 말아요. 제가 이 프로그램을 어떻게 사용하는지 자세히 알려드릴게요.

B 정말 고마워요.

A What did you think of the concert?
그 콘서트는 어땠어요?

B It was pretty good.
꽤 좋았어요.

💡 좋아하는 가수가 있으면 시간을 내어 표를 구입 후 구경을 가게 됩니다.
영어로 the concert는 '그 콘서트'를 말합니다.

Possible Answers

It was awesome. I really loved it.
훌륭했어요. 정말 마음에 들었어요.

It was better than I had expected.
예상했던 것보다 더 좋았어요.

It was a little boring and disappointing.
좀 지루하고 실망스러웠어요.

Truth be told, it wasn't my type.
사실을 말하면, 제 취향은 아니었어요.

A What did you think of this class?
이 수업은 어땠어?

B Well, I was a little disappointed.
글쎄, 좀 실망했어.

Possible Answers

It was great.
훌륭했어.

It was kind of disappointing.
좀 실망스러웠어.

It was a little easy.
좀 쉬웠어.

I thought it was a waste of time.
시간 낭비라고 생각했어.

🔊 단어
- pretty good 상당히 좋은
- awesome 멋진
- expect 기대하다
- boring 지루한
- disappointing 실망스러운
- truth be told
  사실을 말하면

- disappointed 실망스러운
- kind of 조금은
- waste 낭비

What about...?

상대방에게 뭔가를 제안하고 어떻게 생각하는지를 물어볼 때, 아니면 잊고 있었던 것을 상대방에게 다시금 상기시켜 주고자 할 때 What about+명사/동명사?의 패턴을 사용해요. 의미는 '~은 어때요?', '~은 어쩌고요?'입니다.

p_ 59.mp3

A Let's go out for dinner together.
저녁 먹으로 나가다

B I can't get out of work until 8 p.m. today. That could make things difficult.
힘든, 어려운

A Then *what about* tomorrow*?*

B Sounds good. Sam, I'll pay for dinner tomorrow.
~을 지불하다

A What do you mean?
의미하다

B You treated me last time. I'll pay this time.

A If you insist.
주장하다

B Okay. See you tomorrow.

A 함께 저녁 먹으러 나가자.

B 오늘은 저녁 8시나 되어야 퇴근할 수 있어. 그건 좀 어려울 것 같아.

A 그러면 내일은 *어때?*

B 좋아. 쌤, 내일 저녁은 내가 살게.

A 무슨 뜻이야?

B 지난번에 네가 샀잖아. 이번에는 내가 살게.

A 정 그렇다면야.

B 알았어. 내일 봐.

A **What about going to the theater this afternoon?**
오늘 오후에 극장에 가는 건 어때?

B **Good. Do you have any particular movie in mind?**
좋아. 특별히 생각해 둔 영화 있어?

💡 영화를 좋아하면 극장에 찾아가게 됩니다. 숙어로 go to the theater는 '극장에 가다'로 go to the movies처럼 표현하기도 하죠. 여기에 this afternoon(오늘 오후에)을 넣어 '오늘 오후에 극장에 가다'라는 뜻을 만들 수 있어요.

Possible Answers

That sounds good.
좋아.

Let me check my schedule first.
우선 내 스케줄을 확인해보고.

Unfortunately, I have other plans.
안타깝게도, 선약이 있어.

I don't like going to the movies.
극장에 가는 걸 안 좋아해.

A **What about going there tomorrow night?**
내일 밤 그곳에 가는 게 어때요?

B **I'm afraid I can't. I have other plans.**
못할 것 같아요. 선약이 있거든요.

Possible Answers

Sounds good. What time shall we meet?
좋아요. 우리 몇 시에 만날까요?

Can I take a rain check?
다음 기회로 미뤄도 될까요?

Tomorrow night? No way.
내일 밤에요? 절대 안 돼요.

Maybe some other time.
나중에 가요.

📢 단어

• particular 특별한
• have ~ in mind
  ~을 생각하고 있다
• unfortunately 불행하게도
• go to the movies
  극장에 가다

• meet 만나다·
• take a rain check
  다음 기회로 미루다

60 What should I...?

우리말 '뭘 ~하면 좋을까요?'에 해당되는 패턴이 What should I...?예요. 스스로 뭔가를 해야 할지 몰라서 누군가로부터 조언 좀 얻고자 할 때 사용하는 패턴이에요.

p_ 60.mp3

A Honey, what's wrong? You look a little worried.
            걱정되는

B I have an important meeting to attend today.
            중요한   참석하다

A Oh, really?

B *What should I wear?*
            입다

A How about this dress?

B You mean this jacket?

A Yeah, I think it makes you look good.

B All right, I got it.

A 자기야, 무슨 일이야? 좀 걱정스러워 보여.

B 오늘 참석해야 할 중요한 미팅이 있어.

A 오, 정말?

B 뭘 입지?

A 이 옷 어때?

B 이 재킷 말하는 거야?

A 응, 자기한테 잘 어울릴 것 같아.

B 알았어.

A What should I have for lunch?

점심으로 뭐 먹지?

B Let's eat some sandwiches. What do you say?

샌드위치를 좀 먹자. 어때?

💡 '먹다'라고 하면 동사 eat이 먼저 생각나죠. 하지만 네이티브들은 같은 의미로 have를 사용하므로 have for lunch라고 하면 '점심으로 먹다'가 됩니다.

Possible Answers

What about getting a delivery for lunch?

점심으로 배달시켜 먹는 게 어때?

What about pizza for lunch?

점심으로 피자 어때?

How about instant noodles?

라면은 어때?

Do you like Chinese food?

중국 음식 좋아해?

A What should I take to go to the airport?

공항에 가려면 무엇을 타야 하죠?

B How about taking a taxi? It's so convenient.

택시 타는 게 어때요? 매우 편해요.

Possible Answers

Why don't you take a taxi?

택시를 타는 게 어때요?

How about taking the subway?

전철을 타는 게 어때요?

I think you should take the bus.

버스를 타는 게 좋을 것 같아요.

Just a moment, please. Let me ask around.

잠깐만 기다려보세요. 주위 사람에게 물어보죠.

- delivery 배달
- instant noodles 라면

- convenient 편리한
- take a taxi 택시를 타다
- subway 지하철
- ask around
  주위 사람에게 물어보다

UNIT
16

Pattern

: Who

61 Who will...?

Who will...?은 '누가 ~할 거예요?'의 뜻이에요. 조동사 will은 자신의 의지를 나타내거나 불확실한 미래를 말할 때 사용합니다.

p_ 61.mp3

A Don't we have a monthly meeting in the afternoon?
    월간 모임

B Of course, we do.

A *Who will preside over the meeting?*
        주재하다

B You got me there.

A I see.

B Wait. Let me ask around and let you know.

A Thanks.

B Sure.

A 우리 오후에 월간 모임 있지 않니?

B 물론이지, 있어.

A *누가 모임을 주재할 거야?*

B 잘 모르겠어.

A 그렇군.

B 기다려봐. 내가 주위 사람에게 물어봐서 알려줄게.

A 고마워.

B 천만에.

A Who will pick up the bill?

누가 계산할 건데?

B I'll pay this time.

이번에는 내가 계산할게.

💡 식사나 술을 마시고 난 후 계산을 하는 것은 당연합니다. 숙어로 pick up the bill은 '계산하다'예요. 우리는 계산서를 집어 들어 올리는 사람이 보통 계산대로 가서 돈을 지불하잖아요. 비슷한 표현으로는 pick up the tab(계산하다)도 있어요.

Possible Answers

Let me pick up the tab.

내가 계산할게.

It's my turn to pick up the bill.

내가 계산할 차례야.

This is on me.

이건 내가 낼게.

What about splitting the bill this time?

이번에는 각자 내는 게 어때?

🗨 단어

- pay 지불하다
- pick up the tab 계산하다
- split the bill 각자 계산하다

A Who will make a speech tonight?

오늘 밤 누가 연설을 하죠?

B I'm supposed to do that.

제가 하기로 되어 있어요.

Possible Answers

That's what I wanted to know.

그게 저도 알고 싶었던 거예요.

Someone who works in sales.

영업부에서 일하는 누군가가 할 거예요.

It's my turn.

제 차례예요.

The new personnel manager will do.

새로운 인사 부장이 할 거예요.

- know 알다
- personnel manager 인사 부장

62 Who's gong to...?

의문사 who와 be going to를 함께 사용해서 Who's going to...?라고 하면 '누가 ~할 거예요?'의 의미예요. 뭔가를 누가 할지 궁금해서 상대방에게 물어보고 싶을 때 사용하죠.

p_ 62.mp3

A I have noticed on reviews that there is a new Italian restaurant opened in our <u>neighborhood</u>.
　　　　　　　　　　　　　　　　　　　　　　　　　　　　　　　　　　　　　이웃, 동네

B Yeah, I heard it's worth a visit.

A Then how about we have dinner there together?

B Sounds good.

A I think we should <u>make reservations</u> <u>in advance</u>.
　　　　　　　　　　　　예약하다　　　　　　　　미리, 사전에

B *Who is going to* call and <u>book a table</u>?
　　　　　　　　　　　　　　　　　자리를 예약하다

A I'm going to call to book a table.

B Thanks. Let me treat you to dinner this time.

A 우리 동네에서 새로운 이탈리안 레스토랑이 개업했다는 거 리뷰를 통해 알았어.

B 응, 가볼 만한 가치가 있다고 들었어.

A 그러면 그곳에서 함께 저녁 식사 하는 게 어떨까?

B 좋지.

A 미리 예약하는 게 좋을 것 같은데.

B *누가* 전화해서 테이블 예약할 거야?

A 내가 테이블 예약하기 위해 전화할게.

B 고마워. 이번에는 내가 저녁 살게.

A Who is going to drive this time?

누가 이번에 운전할 거죠?

B I think it's my turn.

내 차례인 것 같아요.

• drive 운전하다
• this time 이번에는

💡 운전하는 것이 때로는 귀찮기도 합니다. 동사 drive는 '운전하다'예요. 여기에 this time을 덧붙여 drive this time처럼 말하면 '이번에 운전하다'가 된답니다.

Possible Answers

I'm going to drive this time.

이번에는 내가 운전할 거예요.

Let me drive this time.

이번에는 내가 운전할게요.

I think it's your turn to drive.

당신이 운전할 차례인 것 같은데요.

Mike said he would drive.

마이크가 운전하겠다고 말했어요.

A Who is going to cook this evening?

오늘 저녁에 누가 요리를 할 거지?

B Sally is supposed to cook.

샐리가 요리하기로 되어 있어.

• together 함께
• cook 요리사, 요리하다

Possible Answers

Why don't we cook together this time?

이번에는 우리 함께 요리하는 게 어떨까?

I think it's your turn to cook this time.

이번에는 네가 요리할 차례인 것 같은데.

Isn't it my turn to cook this time?

이번에 내가 요리할 차례가 아닌가?

Well, I have no idea.

글쎄, 모르겠어.

63 Whose turn is it to...?

소유격 관계대명사인 whose는 명사 turn을 수식해 주는 형용사 역할을 합니다. 영어로 Whose turn is it to...?라고 하면 '누가 ~할 차례죠?'의 뜻이에요.

p_ 63.mp3

A Let's have a drink together.
술 한잔하다

B Good. Anyway, whose turn is it to buy the drinks tonight?

A It's your turn.
차례

B I don't think so.

A No, it's your turn this time.

B What makes you think so?

A Because I paid the bill yesterday.
pay the bill 계산하다

B Okay, if you say so.

A 함께 술 한 잔 하자.

B 좋아. 그런 그렇고, 오늘 밤은 누가 술 살 차례지?

A 네 차례야.

B 아닌 거 같은데.

A 아니, 이번에는 네 차례야.

B 왜 그렇게 생각해?

A 어제 내가 계산했잖아.

B 알았어, 그렇다면 그런 거지 뭐.

A Whose turn is it to make breakfast?
누가 아침을 차릴 차례인가요?

B Isn't it your turn?
당신 차례 아닌가요?

💡 우리는 '아침을 준비하다' 또는 '아침밥을 차리다'라고 하는 반면에 네이티브들은 make breakfast처럼 표현해요. '아침을 만들다'처럼 말이에요. 없는 아침을 열심히 만들어서 밥상 위에 올려놓는 상황을 빗대어 말한 겁니다.

Possible Answers

Isn't it my turn to make breakfast?
내가 아침 차릴 차례 아닌가요?

It's my turn this time.
이번에는 제 차례예요.

Well, I have no idea.
글쎄요, 잘 모르겠어요.

Well, I have no clue.
글쎄요, 나도 모르겠어요.

A Whose turn is it to do the dishes and the laundry?
누가 설거지하고 빨래할 차례지?

B I haven't the slightest idea.
전혀 모르겠어.

Possible Answers

I think it's your turn.
네 차례인 것 같은데.

It's your turn to do them today.
오늘은 네가 할 차례야.

Mike said he'd do them.
마이크가 하겠다고 말했어.

I haven't the foggiest idea.
전혀 모르겠어.

🗨 단어
• clue 단서, 실마리

• turn 차례

Who can help me...?

누가 자신이 하는 것을 도와줄 수 있는지 궁금할 때 사용하는 패턴이 Who can help me...?예요. 동사 help는 준사역동사라 목적어 me 다음에는 to+동사원형이나 동사원형의 구조가 나와야 하죠. 상황에 따라서는 to를 생략할 수도 있어요. 뜻은 '누가 제가 ~하는 거 도와줄 수 있어요?'입니다.

p_ 64.mp3

A *Who can help me arrange a meeting?*
모임을 주선하다

B I'm afraid I can't help you right now.

A Why not?

B I have an important report to finish by tomorrow morning. Sorry.
중요한

A That's okay. No worries.

B Why don't you ask Brian for some help? I think he might help you.
ask for ~을 요청하다

A Really? That's a good idea. Where can I find him?

B He must be in his office over there.

A 제가 **모임을 주선**하는 거 누가 도와줄 수 있죠?

B 지금 당장은 도와주지 못할 것 같아요.

A 왜죠?

B 내일 아침까지 끝내야할 중요한 보고서가 있어요. 미안해요.

A 괜찮아요. 걱정 말아요.

B 브라이언에게 도움을 좀 요청하는 게 어떨까요? 아마 그 친구가 당신을 도와줄 수 있을 거예요.

A 정말요. 좋은 생각이네요. 그를 어디서 찾을 수 있죠.

B 저쪽에 있는 그의 사무실에 분명히 있을 거예요.

A Who can help me paint the house?

내가 집 페인트칠하는 거 누가 도와줄 수 있지?

B I think I can help you.

내가 도와줄 수 있을 것 같아.

💡 오래된 집일수록 집 안팎으로 칠한 페인트가 벗겨지는 경우가 종종 생깁니다. 이럴 때 다시 칠하게 되는데요, paint the house는 '집을 페인트칠하다'예요.

Possible Answers

Why don't you ask Jack for some help?

잭한테 도움을 좀 요청하는 게 어때?

Do you mind if I help you paint the house?

내가 집 페인트칠하는 거 도와줘도 돼?

I think I can help you paint the house.

내가 집 페인트칠하는 거 도와줄 수 있을 것 같아.

I think Tony can help you.

토니가 도와줄 수 있을 것 같은데.

A Who can help me find this place?

내가 이 장소 찾는 거 누가 도와줄 수 있어?

B Do you mind if I help you find it?

내가 찾는 거 도와줘도 괜찮을까?

Possible Answers

Let me help you find it.

내가 그거 찾는 거 도와줄 게.

Do you need my help?

내 도움이 필요한 거니?

I'm afraid I can't help you this time.

난 이번에는 못 도와줄 것 같아.

Why don't you ask Tony for some help?

토니에게 도움을 좀 요청해 봐.

• mind 주저하다, 꺼려하다
• help 돕다

• need 필요하다
• ask for ~을 요청하다

UNIT
17

Pattern

: How

65 How about...?

How about+명사(구)/동명사?는 '~하는 게 어때요?', '~이 어때요?'의 뜻이에요.
상대방에게 뭔가를 적극적으로 제안할 때 사용하죠.

p_ 65.mp3

A Hey, Sam! Good to see you.

B Cindy? Good to see you too.

A Where are you headed?
　　head 나아가다, 향하다

B I'm going to the swimming pool in my neighborhood. Cindy, *how about*
　　　　　　　　　　　　　　수영장　　　　　　　　이웃, 동네
　　go*ing* swimming together*?*

A Well, I'm not good at swimming. Are you?
　　　　be not good at ~을 못하다

B I think I'm a good swimmer.

A Oh, yeah? Then why don't you teach me how to swim?
　　　　　　　　　　　　　　　가르치다

B You got it.

A 이봐, 쌤! 만나서 반가워.

B 신디? 나도 만나서 반가워.

A 어디가?

B 동네에 있는 수영장에 가는 중이야. 신디, 함께 수영하는 게 어때?

A 글쎄, 나 수영 잘 못해. 넌 어때?

B 나 수영 잘하는 것 같아.

A 오, 정말? 그러면 나한테 수영하는 방법을 가르쳐 주는 게 어때?

B 알았어.

A How about going for a hike on Sunday?

일요일에 하이킹하러 가는 게 어때요?

B I just want to stay home and relax.

그냥 집에 머물면서 쉴래요.

주말이 되면 집에서 쉬는 사람도 있지만 가까운 산으로 등산을 가는 사람도 있습니다. 숙어로 go for a hike은 '하이킹하러 가다'입니다.

Possible Answers

This Sunday? Good.

이번 일요일이요? 좋아요.

That's a good idea.

좋은 생각이에요.

You mean this Sunday? Sounds good.

이번 주 일요일 말씀인가요? 좋아요.

I wish I could, but I can't. That's because I just want to stay home and relax.

그러고 싶지만, 못하겠어요. 왜냐면 그냥 집에 머물면서 쉬고 싶어서요.

A How about Korean food?

한국 음식이 어때요?

B Good. I really love it.

좋죠. 정말 좋아해요.

Possible Answers

Great. In fact, I love Korean food.

좋아요. 실은, 한식을 너무 좋아해요.

I'm getting sick and tired of Korean food.

한국 음식이 지겨워지고 있어요.

I don't like Korean food.

한식은 안 좋아해요.

Korean food isn't my type.

한식은 내 취향이 아니에요.

단어

• stay home 집에 머무르다
• relax 휴식을 취하다

• in fact 사실은
• be getting sick and tired of
  ~이 지겨워지고 있다
• dish 접시, 음식

66 How was your...?

How was your+명사(구)?는 '~은 어땠어요?'의 의미예요. 이 패턴은 상대방과 관련된 일에 대해서 소감이나 생각을 넌지시 알고 싶을 때 사용하죠.

p_ 66.mp3

A Bill, *how was your* **wedding last Saturday**?

B It was great.

A And then where did you go on your honeymoon?

B We went to Seattle on our honeymoon and
   we had a lot of fun there.
   have a lot of fun 재밌는 시간을 많이 보내다

A That's good to know.

B Jack, have you ever been to Seattle before?

A Yes, I have. I went there for my business trip last April. It was my first visit.
   출장

B In fact, I hope to revisit Seattle with my wife someday.
   재방문하다   언젠가

A 빌, 지난 토요일 당신 결혼식은 어땠어요?

B 근사했어요.

A 그러고 나서 신혼여행은 어디로 갔어요?

B 우린 신혼여행으로 시애틀에 갔고 그곳에서 신나게 보냈어요.

A 그렇다니 다행이네요.

B 잭, 전에 시애틀에 가본 적이 있어요?

A 네, 있어요. 지난 4월에 출장차 그곳에 갔죠. 처음 방문이었어요.

B 사실, 언젠가 부인과 시애틀을 재방문하길 희망해요.

A How was your trip to New York?

뉴욕 여행은 어땠어?

B It was kind of boring.

좀 지루했어.

💡 해외여행이란 늘 사람을 설레게 만듭니다. 명사 trip를 사용해서 trip to New York이라고 말하면 '뉴욕 여행'이 되는 거죠. 보통 '여행을 가다'라고 할 때 go on a trip처럼 표현합니다.

Possible Answers

I had a lot of fun.

너무 재미있었어.

I had a great time.

좋은 시간을 가졌어.

It was more exciting than I had expected.

예상했던 것보다 더 흥미로웠어.

It was a little disappointing.

좀 실망스러웠어.

A How was your blind date last Saturday?

지난 토요일에 소개팅은 어땠어?

B It was a little disappointing. She was not my type.

좀 실망스러웠어. 그녀는 내 타입이 아니었거든.

Possible Answers

My blind date? It was good.

내 소개팅? 좋았어.

It was great. I had a good time with her.

훌륭했어. 그녀랑 좋은 시간 가졌어.

It was bad. That's because she wasn't my ideal type.

나빴어. 그녀는 내 이상형이 아니었거든.

Well, it was a little disappointing.

글쎄, 좀 실망스러웠어.

- kind of boring 좀 지루한
- exciting 흥분되는
- disappointing 실망시키는

- disappointed 실망한
- have a good time
  좋은 시간을 보내다
- ideal type 이상형

67 How often do you...?

빈도를 묻는 말로 How often do you...?는 '얼마나 자주 ~해요?'의 뜻이에요. 상대방이 어떤 행위를 얼마나 자주 하는지를 확인하고자 할 때 사용하죠. 여기서 how often을 how many times, how frequently로 바꿔 표현해도 상관없어요.

p_ 67.mp3

A Jenny, you live away from your mother, right?

B That's right. I live in New York, but she lives in San Francisco.

A Then *how often do you* call your mother?

B I call her more than three times a week.

A Wow, you must be a good daughter to your mother.

B I try to be. What about you, Jack? How frequently do you call your parents?
   빈번하게, 자주

A I call them less than once a week, but I visit them almost every day
   after work. That's because they live close to my place. I mean, they live
   퇴근 후에
   within walking distance from me.
   걸어서 충분히 닿을 거리에

B Oh, is that true? I'm so jealous of you.

A 제니, 당신 어머님과 멀리 떨어져 살죠, 맞죠?

B 맞아요. 전 뉴욕에 살고 엄마는 샌프란시스코에 살고 계시죠.

A 그러면 *얼마나 자주* 어머님께 전화하세요?

B 일주일에 3번 이상 전화 드려요.

A 와우, 어머니에게 좋은 딸이 틀림없군요.

B 그러려고 노력은 해요. 당신은요, 잭? 얼마나 자주 부모님께 전화하세요?

A 일주일에 한 번도 채 안 되게 부모님께 전화드려요, 하지만 퇴근 후에 매일 방문하죠. 저희 집 근처에 사시 거든요. 제 말은, 걸어갈 수 있는 거리에 살고 계세요.

B 오, 그게 사실이에요? 당신이 너무 부러워요.

A How often do you work out at the gym?

얼마나 자주 헬스장에서 운동해?

B I work out at the gym on a daily basis.

난 매일 헬스장에서 운동해.

💡 근력을 키우기 위해 집 근처에 있는 헬스장에서 매일 운동할 때가 있어요. 네이티브들은 work out at the gym으로 표현하죠. 의미는 '헬스장에서 운동하다'예요.

Possible Answers

I work out at the gym once or twice a week on average.

평균적으로 일주일에 한두 번은 헬스장에서 운동해.

I work out at the gym at least three times a week.

적어도 일주일에 세 번은 헬스장에서 운동해.

I normally work out at the gym twice a week.

보통 일주일에 두 번 헬스장에서 운동해.

It depends on my situation.

상황에 따라 달라.

A How often do you visit China?

얼마나 자주 중국을 방문하시나요?

B Less than once a month.

한 달에 한 번도 채 안 돼요.

Possible Answers

Once a year.

일 년에 한 번이요.

At least twice a month.

한 달에 적어도 두 번 정도요.

As often as I can.

가능한 자주 갑니다.

It depends on my schedule.

제 스케줄 따라 달라요.

📖 단어

• on a daily basis 매일
• on average 평균적으로
• normally 대게, 보통은
• depend on ~에 달려있다

• often 종종, 자주
• depend on ~에 달려있다

How can I...?

뭔가를 어떻게 해야 할지 몰라 때로는 당황스럽기도 합니다. 이럴 경우 상대방에게 그 방법 좀 말해 달라고 부탁하려면 How can I...?의 패턴을 사용하면 되죠. 뜻은 '어떻게 ~할 수 있어요?'입니다.

p_ 68.mp3

A Hello. Nice to meet you.

B Nice to meet you too.

A I'm Michael from New York. *How can I address you?*
호칭하다

B I'm Sam Park, but I go by Sam.

A Sam Park? Would you mind telling me where you're from?

B I wouldn't mind. I was born in Chicago, but I was raised in Denver.

A Denver? I went there last month. It was great.

B Really? I'm glad to hear that. *Truth be told*, it's a good place to live.
사실은

A 안녕하세요. 만나서 반가워요.

B 저도 만나서 반가워요.

A 뉴욕에서 온 마이클입니다. 호칭을 *뭐라고 하면 좋을까요?*

B 쌤 박인데요, 쌤으로 불려요.

A 쌤 박? 어디서 오셨는지 말씀해주셔도 괜찮으시겠어요?

B 상관없어요. 전 시카고에서 태어났지만, 덴버에서 자랐습니다.

A 덴버요? 지난달에 그곳에 갔어요. 너무 근사하더라고요.

B 정말이요? 다행이네요. 사실은, 살기 좋은 곳이에요.

A How can I help you?
어떻게 도와드릴까요?

B I'm good, thanks. I'm just looking around.
괜찮아요, 고마워요. 그냥 둘러보는 거예요.

💡 직원이 다가와 도움을 주겠다고 할 때 '괜찮아요, 고마워요. 그냥 둘러보는 거예요.'하고 말하고 싶다면 I'm good, thanks. I'm just looking around. 처럼 하면 됩니다.

Possible Answers

I'm looking for a wallet.
지갑을 찾고 있어요.

Hi. I'm here to book a seat.
안녕하세요. 좌석 예약하러 왔어요.

I would like to check in, please.
체크인 부탁드립니다.

How can I book a table for two?
두 명 좌석을 어떻게 예약할 수 있어요?

A How do I get to your office?
당신 사무실에 어떻게 가면 되죠?

B Let me show you where it is.
어디에 있는지 알려드릴게요.

Possible Answers

Let me draw a map for you in case you can't find it.
찾지 못할 경우를 대비해서 약도를 그려 드릴게요.

Let me tell you where my office is.
내 사무실이 어디에 있는지 얘기해드리죠.

It's on the second floor of this building.
이 건물 이층에 있어요.

Don't you know where it is?
어디에 있는지 몰라요?

🗨 단어

• look around 둘러보다
• wallet 지갑
• book a seat
  좌석을 예약하다
• book a table
  테이블을 예약하다

• draw a map
  지도를 그리다
• floor 층

UNIT
18

Pattern

: How

69 How soon can you...?

의문사 how와 결합하여 How soon can you...?라고 하면 '언제쯤 ~할 수 있어요?'의 의미예요. 부사 soon은 '곧'으로 how soon처럼 말하면 '얼마나 빨리'보다는 '언제쯤'으로 해석하는 게 자연스러워요.

p_ 69.mp3

A Hello. What can I do for you?

B Hi. My computer suddenly broke down. It doesn't work anymore.
  갑자기   고장 나다

A Let me take a look at it for a moment.

B Okay. Thank you. By the way, *how soon can you* fix *my computer*?
                                                고치다

A I don't know for sure, but I think I can fix it by tomorrow morning.

B Oh, really? The sooner the better. Um, how much will you charge me for
  repairing it?
  repair 수리하다

A That depends on how serious it is to repair.
                        심각한

B All right.

A 안녕하세요. 뭘 도와드릴까요?

B 안녕하세요. 컴퓨터가 갑자기 고장 났어요. 더 이상 작동이 안 돼요.

A 그렇군요. 잠깐만 제가 살펴볼게요.

B 알겠어요. 고마워요. 그런데 말이에요, *언제쯤* 제 컴퓨터를 고칠 *수 있어요?*

A 확실하지 않지만, 내일 아침까지는 수리할 수 있을 것 같아요.

B 오, 정말요? 빠르면 빠를수록 좋죠. 음, 수리비는 얼마나 나올까요?

A 그건 수리하기에 얼마나 심각하냐에 달려 있어요.

B 알겠습니다.

A How soon can you return from your business trip?

언제쯤 출장에서 돌아올 수 있어요?

B I'm supposed to be back next Monday.

다음 주 월요일에 돌아오기로 되어있어요.

💡 직장인들은 업무 관계로 종종 출장을 떠나게 됩니다. 동사 return은 '돌아오다'로 뒤에 from your business trip처럼 전치사구를 넣어 말하면 '당신 출장으로부터 돌아오다'의 의미가 되는 거죠.

Possible Answers

I have to be back by next Tuesday at the latest.

늦어도 다음 주 화요일까지는 돌아와야 해요.

I'm planning to be back as soon as possible.

가능한 빨리 돌아올 생각이에요.

Maybe next Monday.

아마도 다음 주 월요일에요.

Well, I'm not quite sure.

글쎄요, 확실히 모르겠어요.

A How soon can you finish your project?

언제쯤 당신 프로젝트를 끝낼 수 있죠?

B Well, it depends on the situation.

글쎄요, 상황에 따라 달라요.

Possible Answers

By the end of this month.

이번 달 말까지요.

I can finish it within a week.

일주일 이내로 끝낼 수 있어요.

I think I need another day.

하루가 더 필요할 것 같네요.

Well, I have to finish it by Friday.

글쎄요, 금요일까지 끝내야 해요.

📢 단어

• be back 돌아오다
• at the latest 늦어도
• as soon as possible
  가능한 빨리

• situation 상황
• finish 마치다, 끝내다

How many... do you have?

수량형용사 역할을 하는 many는 바로 뒤에 복수명사를 취하죠. 그래서 의문사 how와 many를 함께 사용해서 How many+복수명사 do you have?라고 하면, 그 뜻은 '얼마나 많이 ~이 있어요?'가 됩니다. 뭔가를 얼마나 많이 가지고 있는지 궁금할 때 사용하면 돼요.

p_ 70.mp3

A *How many* **family members** *do you have?*

B We are a family of five.

A Do you have any siblings?
   sibling 형제자매

B I have two little brothers.

A Are they all students?
   student 학생

B Of course. They go to the same high school.

A Who do they look like?

B They all look like their father.

A 가족은 몇 명이나 되죠?

B 가족이 5명이에요.

A 형제자매가 있나요?

B 남동생 둘이 있습니다.

A 그들 모두 학생이에요?

B 물론이죠. 같은 고등학교에 다녀요.

A 그들은 누굴 닮았죠?

B 둘 다 아버지를 닮았어요.

A How many brothers and sisters do you have?

형제자매가 몇 명이나 돼요?

B I have a little brother.

남동생이 하나예요.

💡 형제자매들(brothers and sisters)이 많은 사람들이 주위에 많습니다. 한마디로 sibling이라고 하기도 하죠. '형제자매'예요.

Possible Answers

I have one little brother and two elder sisters.

남동생 하나 그리고 누나(언니)가 둘입니다.

I have three elder brothers.

형(오빠)이 세 명 있어요.

I have two little sisters.

여동생이 두 명 있어요.

I'm an only child.

전 외동이에요.

A How many vacation days do you have?

휴가가 며칠이나 돼?

B About three days.

대략 3일 정도.

Possible Answers

About a week.

일주일 정도.

Only two days.

이틀밖에 안 돼.

Why do you ask?

그건 왜 물어?

Let me check.

확인해보고.

- little brother 남동생
- elder brother 형, 오빠
- elder sister 언니, 누나
- only child 외동(딸, 아들)

- ask 묻다
- check 확인하다

우리말 '얼마나 오래 ~했어요?', '~한 지 얼마나 되었나요?'에 해당되는 패턴이 How long have you+과거완료?예요. 과거부터 지금까지 뭔가를 얼마나 오랫동안 지속적으로 해왔던 건지 상대방에게 묻고 싶을 때 사용하죠.

p_ 71.mp3

A Excuse me, do you <u>work</u> here?
일하다, 근무하다

B Yes, I do.

A *How long have you* **been working here**?

B I've been working here for 5 years.

A What kind of work do you do?

B I'm an engineer. What about you? Where do you work?

A I work at a <u>travel agency</u>. I love my job.
여행사

B So do I.

A 실례지만, 여기서 근무하시나요?

B 네.

A *여기서 얼마나 오래 **일해오고** 있었나요?*

B 5년 정도 일해 왔습니다.

A 어떤 일을 하시죠?

B 전 기술자입니다. 당신은요? 어디서 일하세요?

A 저는 여행사에서 근무해요. 제 일이 너무 좋아요.

B 저도 마찬가지예요.

A How long have you been living here?
얼마나 오랫동안 여기에 살고 계셨어요?

B I have been living here since I was 20 years old.
20살 이후부터 여기에 살고 있었어요.

💡 동사 live는 '살다'이고 부사 here는 '여기에'이므로 live here는 결국 '여기에 살다'인 거죠.

Possible Answers

I have been living here since I was 10 years old.
열 살 때부터 이곳에서 살고 있었어요.

I have been living here for about 5 years.
대략 5년 정도 살고 있었어요.

Since I was in high school.
고등학생 때부터요.

For about two years.
대략 2년 정도요.

📘 단어

• high school 고등학교

A How long have you been waiting for me?
얼마나 오랫동안 날 기다리고 있었던 거지?

B For more than an hour.
한 시간 이상이나.

Possible Answers

I have been waiting for you for more than an hour.
한 시간 이상이나 널 기다리고 있었어.

Honestly, I just got here myself.
실은, 나도 여기에 막 도착했어.

For more than half an hour.
30분 이상이나.

For less than 10 minutes.
10분도 채 안 돼.

• wait for ~을 기다리다
• more than 이상으로
• honestly 솔직하게
• half an hour 30분

How do you...?

어떤 동사가 뒤에 나오는지에 따라 다양한 뜻을 갖는 패턴이 How do you...?예요. 의미는 '어떻게 ~해요?'이죠. 이 패턴에 동사 like를 사용해서 How do you like...?(~은 어때요?) 라고 하면 뭔가에 대한 상대방의 의견이나 생각이 어떤지를 묻게 되는 거예요.

p_ 72.mp3

A Bill, I heard you got a new job.
일, 직업

B Yes, I did. I started working a couple of weeks ago.

A *How do you* like your new job?

B I'm really enjoying it.
enjoy 즐기다

A That's good to know.

B Ashley, do you still work for the CMC trading company?
무역회사

A Exactly. I've been working there for more than 20 years.

B Wow, I'm impressed.
감동받은

A 빌, 새 직업을 얻었다고 들었어.

B 응. 몇 주 전부터 일하기 시작했어.

A 네 새 직장은 *어때?*

B 열심히 직장생활 즐기고 있어.

A 그렇다니 다행이네.

B 애슐리, 아직도 CMC 무역회사에서 일해?

A 맞아. 그곳에서 20년 이상이나 근무해오고 있었어.

B 와우, 놀랍군.

A How do you feel today?
오늘 기분은 어때요?

B I feel under the weather.
컨디션이 안 좋아요.

💡 오늘 기분이 어떤지 만나는 사람마다 묻게 되는데요, feel today(오늘 느끼다)를 활용해서 How do you feel today?(오늘 기분은 어때요?)처럼 말을 걸어볼 수 있어요.

Possible Answers

I feel good, thank you.
기분 좋아요, 고마워요.

I'm good. What about you?
좋아요. 당신은요?

Couldn't be better. Thank you for asking.
최고예요. 물어봐줘서 고마워요.

Not bad.
좋아요.

A How do you get to work?
어떻게 직장에 출근해요?

B I drive to work.
차를 끌고 출근해요.

Possible Answers

I commute to work by subway.
지하철로 출퇴근합니다.

I take the shuttle bus every day.
매일 셔틀버스를 타요.

I get to work on foot.
회사까지 걸어 다녀요.

By bus.
버스로요.

📲 단어

• feel under the weather 컨디션이 안 좋다
• ask 묻다

• by subway 지하철로
• on foot 걸어서

UNIT
19

Pattern

: IT

73 Isn't there...?

주위에 뭔가가 있을 거라는 확신 하에 상대방에게 묻는 패턴이 바로 Isn't there...?이에요. 뜻은 '~이 있지 않나요?'이죠. 이럴 때 not이 없다고 생각하면서 긍정일 때는 yes로, 부정일 때는 no로 답변하면 됩니다.

p_ 73.mp3

A Excuse me, I think you look like you're <u>looking for</u> something.
look for ~을 찾다

B Yes, that's right.

A Do you mind if I help you find it?

B I don't mind. *Isn't there* a <u>bank</u> around here*?*
은행

A Yes, that's right. There is one behind the <u>bookstore</u> over there.
서점

B How long does it take to get there from here?

A It's a five-minute walk to the bank.

B Thank you. You're so <u>friendly</u>.
친절한, 상냥한

A 저기요, 뭔가 찾고 있는 것처럼 보여요.

B 네, 맞아요.

A 찾는 거 도와줘도 괜찮을까요?

B 상관없어요. 근처에 은행*이 있지 않나요?*

A 네, 맞아요. 저 건너 서점 뒤에 있어요.

B 여기서 그곳까지 얼마나 걸리죠?

A 은행까지 걸어서 5분 거리예요.

B 고마워요. 정말 친절하시군요.

A Isn't there a vending machine nearby?

근처에 자판기가 있지 않나요?

B Well, I have no idea.

글쎄요, 잘 모르겠어요.

💡 일본은 자판기 천국이라고 하죠. 그만큼 다양한 자판기들이 길거리에서 목격됩니다. 영어로 '자판기'를 a vending machine이라고 하고 부사 nearby(근처에서)를 넣어 문장을 만들 수가 있어요.

Possible Answers

There is one at the corner.

모퉁이에 있어요.

I'm looking for it, too.

저도 찾고 있어요.

Not that I'm aware of.

제가 알기로는 없는데요.

No, there isn't.

아니요, 없습니다.

A Isn't there a bookstore on this floor?

이 층에 서점이 있지 않나요?

B Not that I know of.

내가 알기로는 없어요.

Possible Answers

Yes, there's one next to the bank.

네, 은행 옆에 있어요.

You have the wrong information.

잘못된 정보를 가지고 계시네요.

Could be.

아마도요.

Maybe.

아마도요.

74 Is it okay if I...?

때로는 누군가에게 조심스럽게 뭔가를 부탁해야 하는 상황에 부딪치게 됩니다. 이럴 때 유용하게 사용할 수 있는 패턴이 Is it okay if I...?인데요, '~해도 될까요?'로, if절의 동사는 현재시제로 사용해야 하죠.

p_ 74.mp3

A Is that all?

B Yes, that's everything. How much is it all together?

A Let me see. It's 32 dollars. Will that be cash or charge?

B *Is it okay if I pay by credit card?*
   신용카드로 계산하다

A Yes, no problem.

B Okay. One moment, please. Here you go.

A Thank you. Do you need a receipt?
   영수증

B Yes, please.

A 그게 전부예요?

B 네, 전부입니다. 모두 합쳐 얼마죠?

A 어디 볼까요. 32달러입니다. 현금이신가요, 아니면 신용카드이신가요?

B 카드로 계산해도 될까요?

A 네, 물론이죠.

B 알겠어요. 잠깐만요. 여기 있습니다.

A 고맙습니다. 영수증 필요하세요?

B 네, 주세요.

A Is it okay if I leave now?
지금 가도 될까요?

B If you want, please go ahead.
원하면, 그렇게 하세요.

· want 원하다

💡 아쉬운 작별을 할 때가 있습니다. 동사 leave는 '떠나다'고 부사 now는 '지금'이므로 '지금 떠나다'가 되는 거예요.

Possible Answers

Please go ahead.
그렇게 하세요.

Of course. Please go ahead.
물론이죠. 그렇게 하세요.

Do as you please.
좋으실 대로 하세요.

What is it?
무슨 일인데요?

A Is it okay if I ask for your phone number?
당신 전화번호를 물어봐도 될까요?

B My phone number? No way.
제 전화번호를요? 말도 안 돼요.

· know 알다
· tell 말하다

Possible Answers

No problem. This is my phone number.
물론이죠. 이게 제 전화번호예요.

Didn't I tell you my number?
제 전화번호 얘기하지 않았던가요?

Why do you want to know my phone number?
왜 내 전화번호 알고 싶은 거죠?

Do I have to tell you my number?
내 전화번호를 얘기해줘야 돼요?

75 Isn't it too... to...?

구조상 too ~ to는 '~하기에는 너무 ~하다', '너무 ~해서 ~못하다'의 뜻이에요. 말하는 화자의 확신 하에 Isn't it too+형용사 to+동사원형?이라고 말하게 되면, 그 의미는 '~하기에는 너무 ~하지 않나요?'가 되는 거죠.

p_ 75.mp3

A I think I need to go out and take a walk.
산책하다

B *Isn't it too* hot *to* go for a walk?

A Yes, indeed! But I feel like taking a walk.

B Why do you want to do that?

A I'm a little exhausted, so I want to get some fresh air. Would you like
기진맥진한   바람을 좀 쐬다
to go with me?

B I'm good, thanks. I think I should stay indoors. Honestly, I don't like
실내외 머무르다   솔직하게
walking in the hot weather.
더운 날씨

A Is that true? That's news to me.

B Yeah, it is true.

A 나가서 산책을 좀 해야겠어요.

B 산책하러 가기에는 *너무 덥지 않은가요?*

A 네, 맞아요! 하지만 산책하고 싶어요.

B 왜 그게 하고 싶은 거죠?

A 좀 피곤해요. 그래서 바람을 좀 쐬고 싶어요. 같이 가시겠어요?

B 전 괜찮아요. 고마워요. 실내에 있는 게 좋을 것 같아요. 솔직히, 더운 날씨에 걷는 걸 안 좋아하거든요.

A 그게 사실이에요? 금시초문이네요.

B 네, 사실입니다.

A Isn't it too warm to wear a sweater?

스웨터를 입기에는 날씨가 너무 따뜻하지 않아?

B Yes, but it doesn't matter.

그래, 하지만 상관없어.

💡 형용사 warm은 '따뜻한'이며 동사 wear는 '입다'로 wear a sweater처럼
표현하면 '스웨터를 입다'의 의미예요.

Possible Answers

Of course, but I don't mind.

물론 그래, 하지만 상관없어.

You bet, it is.

물론, 그래.

I don't think it's warm today.

오늘은 날씨가 따뜻한 것 같지 않아.

No, it's a little chilly outside.

아니, 밖이 약간 싸늘해.

🗨 단어

• matter 중요하다
• bet ~이 틀림없다(분명하다),
  내기하다
• warm 따뜻한
• chilly 싸늘한

A Isn't it too late to go home?

집에 가기에는 너무 늦지 않나요?

B Yes, it is. But I have to go home right now.

네. 하지만 지금 당장 집에 가야만 해요.

Possible Answers

Yes, it's too late to go home. But it's no problem.

네, 집에 가기에는 너무 늦었죠. 하지만 문제될 것 없어요.

Of course, it is. But I think I have to go home right now.

물론 그래요. 하지만 지금 당장 집에 가야 할 것 같아요.

Yes, it is. But my wife is waiting for me.

네. 하지만 부인이 절 기다리고 있어요.

No, I don't think so.

아니요, 그렇게 생각 안 해요.

• right now 지금, 당장
• wait for ~을 기다리다

76 Is it all right to...?

Is it all right to...?은 '~해도 괜찮을까요?'로, 여기서 all right 대신에 okay를 사용해도 돼요. 즉 all right는 미국식 영어보다는 영국식 영어에서 더 많이 사용되고 있다는 게 바로 차이점이에요. 상황에 따라 to 다음에 동사원형을 바꿔 넣어 표현해도 되고, Is it all right if I+동사?처럼 절의 구조를 취해도 됩니다.

p_ 76.mp3

A Sam, are you busy?
　　　　　　　　바쁜

B No, I'm kind of free now.

A Then *is it all right to* ask you a favor?
　　　　　　　　　　　　　　　　　　　부탁, 호의

B Yes, what can I help you with?

A Can you help me put up some shelves, please?
　　　　　　　　　　　　선반들을 설치하다

B Sure, no problem.

A Thanks a lot.

B It's nothing.

A 쌤, 바빠요?

B 아니요, 지금 좀 한가해요.

A 그러면 부탁을 좀 *해도 될까요?*

B 네, 뭘 도와드릴까요?

A 선반들을 좀 설치하는 것 도와주시겠어요?

B 문제될 것 없어요.

A 정말 고마워요.

B 별 것도 아니에요.

A Is it all right to bring my friend along?

친구를 데려가도 괜찮을까요?

B Your friend? Yes, it is.

당신 친구를요? 네, 괜찮아요.

💡 파티나 모임에 초대받을 경우 때로는 친구를 데리고 가고 싶을 때가 생깁니다. 영어로 bring my friend along처럼 말하면 '내 친구를 데려가다'입니다.

Possible Answers

No problem.

괜찮아요.

Do as you please.

좋으실 대로 하세요.

Your friend? Not in a million years.

당신 친구를요? 절대 안 돼요.

Not a chance.

꿈도 꾸지 마요.

🗨 단어

• chance 기회

A Is it all right to go to bed?

잠자도 돼?

B Are you sleepy now?

지금 졸려?

Possible Answers

Do as you like.

좋을 대로 해.

Sure, no problem.

물론 괜찮아.

If you feel tired, just go and sleep.

피곤하면, 그냥 가서 자.

No, not yet.

아니, 아직은 아냐.

• sleepy 졸린
• tired 피곤한

UNIT
20

Pattern

: IT

77 It looks like it's going to...

주위의 상황을 살펴보건대 조만간 어떤 일이 일어나거나 어떤 상황이 될 것 같다는 느낌이
들 때 It looks like it's going to...라고 하죠. 뜻은 '~할 것 같군요'입니다.

A Hey, Jack! Look at the sky. *It looks like it's going to* snow a lot.

B I think so, too. Let's hurry up and get inside.

A Yeah, that's a good idea. In fact, I don't like cold weather.
추운 날씨

B Neither do I. I hate winter because I'm very sensitive to cold.
몹시 싫어하다   민감한, 섬세한

A Same here. That's why I like summer better than winter.

B In my case, I don't like summer or winter. I prefer more moderate
온화한
seasons.
계절

A You mean spring or fall?
의미하다

B Yeah, you hit it right.

A 이봐, 잭! 하늘을 봐. 눈이 많이 올 *것 같아*.
B 나 역시 그렇게 생각해. 서둘러서 안으로 들어가자.
A 응, 좋은 생각이야. 실은, 난 추운 날씨를 안 좋아해.
B 나도 마찬가지야. 난 추위에 매우 민감하기 때문에 겨울이 싫어.
A 나도 그래. 그래서 겨울보다는 여름을 더 좋아해.
B 내 경우에는, 여름이나 겨울을 안 좋아해. 난 좀 더 온화한 계절을 선호해.
A 봄이나 가을을 말하는 거니?
B 응, 맞아.

A It looks like it's going to rain soon.

곧 비 올 것 같아요.

B Oh, really? What makes you so sure?

오, 정말요? 왜 그리 확신하시죠?

💡 하늘을 쳐다보니 곧 비가 올 것 같은 상황일 때 간단하게 rain soon(곧 비가 오다)이라고 말하면 됩니다.

Possible Answers

That's why I brought along my umbrella.

그래서 우산 가져왔어요.

Yes, it's a little cloudy.

네, 약간 구름이 끼었네요.

Well, we'll have to wait and see.

글쎄요, 지켜봐야겠네요.

I don't think it's going to rain soon.

곧 비가 올 것 같지는 않은데요.

A It looks like it's going to be a little cold.

약간 추울 것 같군요.

B Then I think we'd better stay inside.

그러면 안에 있는 게 좋겠네요.

Possible Answers

You hit it right.

맞아요.

Then I think we'd better not go outside today.

그러면 우린 오늘 밖에 나가지 않는 게 좋을 것 같네요.

Well, I don't feel that way.

글쎄요, 전 그렇게 안 느껴요.

What makes you think so?

왜 그렇게 생각해요?

📖 단어

- umbrella 우산
- cloudy 구름이 낀
- wait and see
  두고 보다, 지켜보다

- stay 머무르다
- go outside 밖으로 나가다

영어에서 to부정사의 의미상 주어는 바로 me예요. 전치사 for가 앞에 나왔기 때문에 목적격 me를 사용한 거죠. 즉 It's a little hard for me to...라고 하면 뜻이 '제가 ~하기가 좀 힘들어요'가 돼요. 본인 스스로 어떤 행위를 하기가 좀 부담스럽거나 힘들 때를 묘사할 때 사용합니다.

p_ 78.mp3

A Hey, Claire! you look kind of <u>worried</u>. What's wrong?
걱정되는

B I don't want to talk about it right now.

A Come on, Claire! Just tell me.

B Okay. I have some <u>personal</u> problems, but *it's a little hard for me* to find
사적인
<u>solutions</u> to them.
solution 해결책

A Well, if you don't mind, let me help you <u>solve</u> them.
해결하다

B Really?

A Yeah, what are friends for?

B Thanks for saying that, Jack!

A 이봐, 클레어! 너 좀 걱정스러워 보여. 무슨 문제야?

B 지금은 얘기하고 싶지 않아.

A 왜 그래, 클레어! 그냥 나한테 말해봐.

B 알았어. 개인적인 문제들이 좀 있는데, 그것들에 대한 해결책 찾기가 조금은 버거워.

A 저, 괜찮다면, 내가 해결하는 거 도와줄게.

B 정말?

A 응, 친구 좋다는 게 뭐야?

B 말이라도 고마워, 잭!

A It's a little hard for me to get up early.

일찍 일어나기가 좀 힘들어.

B I know what you're saying.

무슨 말 하려는지 알아.

💡 아침에 일찍 일어나는 것은 정말 힘듭니다. 네이티브들은 get up early처럼 말하죠. 주의할 점은 get up은 눈은 떴지만 아직도 침대에서 일어나지 않은 것을 말하며 wake up은 시체처럼(!) 눈을 감고 자고 있는 상태에서 눈만 뜨는 것을 말해요.

Possible Answers

I hear you loud and clear.

무슨 말인지 잘 알겠어.

I know what you mean.

무슨 뜻인지 알아.

I know what you're trying to say.

무슨 말 하려는지 알아.

Oh, really? I didn't know that.

오, 그래? 몰랐어.

A It's a little hard for me to exercise on a daily basis.

매일 운동하기가 좀 힘드네요.

B I hear you, but you need to exercise.

이해가 가요, 하지만 당신은 운동해야 돼요.

Possible Answers

I know what you're saying.

무슨 말 하려는지 알아요.

I know what you're trying to say, but you have no choice.

무슨 말 하려는지 알아요, 하지만 선택의 여지가 없잖아요.

I know, but I think you should exercise for your health.

나도 알아요, 하지만 당신 건강을 위해 운동하는 게 좋을 거예요.

I know, but you need to exercise for your health.

나도 알아요, 하지만 건강을 위해서는 운동해야 해요.

📣 단어

• loud and clear 분명하게
• mean 의미하다

• exercise 운동하다
• choice 선택
• health 건강

79 It's time to...

상대방에게 뭔가를 함께 하자고 제안하거나 앞으로 해야 할 일들을 넌지시 얘기하고자 할 때 It's time...의 패턴을 사용해요. 뜻은 '~할 때가 됐어요'로 구조상 It's time 다음에 to+동사원형이나 for+명사가 나오죠. 하지만 때로는 It's time that 주어+과거동사.를 취하기도 한답니다. 이때 동사는 과거시제예요.

p_ 79.mp3

A I think time really flies when we have lots of things to do at the office.

B Yes, indeed!

A What time is it now?

B It's ten past seven now.

A Oops! *It's time to* call it a day.
하루 일과를 마치다, 퇴근하다

B That's right. Let's go.

A Anyway, Bob! Do you have any plans for tonight?

B I'm supposed to do some window shopping with my family.
윈도쇼핑을 하다

A 사무실에서 할 일이 많을 때면 시간이 정말 빨리 가는 것 같아요.

B 네, 정말 그래요!

A 지금 몇 시죠?

B 지금 7시 10분이에요.

A 이런! 퇴근할 *시간이네요*.

B 맞아요. 갑시다.

A 그건 그렇고, 밥! 오늘 밤 어떤 계획이라도 있어요?

B 가족이랑 윈도쇼핑하기로 되어있어요.

A It's time to leave the office.
퇴근할 시간이에요.

B I think time is really flying today.
오늘은 시간 정말 빠른 것 같네요.

💡 열심히 일하다보면 어느새 퇴근 시간이 다가옵니다. 숙어로 leave the office는 '사무실을 떠나다'지만 의역하면 '퇴근하다'입니다. 비슷한 표현으로 get off work(퇴근하다)도 있어요.

Possible Answers

You go ahead. I think I need to work overtime.
먼저 퇴근하세요. 야근해야 할 것 같아요.

Good. Anyway, what are you going to do after work?
좋아요. 그건 그렇고, 퇴근 후에 뭐할 건데요?

Time goes so fast.
시간 정말 빠르네요.

How about having a drink after work?
퇴근 후에 술 한 잔 하는 게 어때요?

A It's time to go out and exercise.
나가서 운동할 시간이네.

B I'm not in the mood to exercise today.
오늘은 운동하고 싶은 기분이 아냐.

Possible Answers

That's right. Let's go out and exercise together.
맞아. 나가서 함께 운동하자.

Got it.
알았어.

Oh, really? Time really flies.
오, 정말? 시간 참 빠르네.

I don't feel like exercising today.
오늘은 운동하고 싶지 않아.

📮 단어

• work overtime 야근하다
• after work 퇴근 후에
• have a drink
  술 한 잔 하다

• be in the mood to
  ~하고 싶은 기분이다
• feel like -ing ~하고 싶다

80 It seems like...

영어로 It seems like...은 '~인 것 같아요'의 뜻으로, 이 패턴은 뭔가에 대한 받은 인상을
표현할 때 사용해요. 꼭 알아야 할 것은 like가 전치사가 아니라 접속사로 사용되었다는
점이에요. 바로 뒤에 '주어+동사'의 절의 구조가 나와야 하죠.

A *It seems like* winter has already gone.

B I couldn't <u>agree</u> more.
　　　　　　　동의하다

A Cindy! What's your <u>favorite season</u>?
　　　　　　　　　　가장 좋아하는 계절

B Spring is my favorite season.

A Why do you like spring?

B Because it's warm and <u>petals flutter</u> in the wind. Sam, what about you?
　　　　　　　　　　　　petal 꽃잎 흩날리다

A My favorite season is winter. That's because I was born in <u>December</u>.
　　　　　　　　　　　　　　　　　　　　　　　　　　　　　　　　　　12월

B Oh, really? I like winter, too.

A 겨울이 이미 지나간 *것 같아요*.

B 전적으로 동의해요.

A 신디! 가장 좋아하는 계절이 뭐예요?

B 봄이 제가 가장 좋아하는 계절이에요.

A 왜 봄을 좋아해요?

B 따뜻하고 꽃잎들이 바람에 흩날리기 때문이에요. 쌤, 당신은요?

A 제가 가장 좋아하는 계절은 겨울이에요. 12월에 태어났기 때문이죠.

B 오, 정말요? 저도 겨울을 좋아해요.

A It seems like it might rain this evening.

오늘 저녁에 비가 올 것 같네요.

B Then I think I should stay home.

그러면 집에 있는 게 좋겠네요.

💡 동사 rain은 '비 오다'이며 this evening은 '오늘 저녁에'입니다. 비 올 가능성이 조금이라도 보일 때 조동사 might를 사용해서 표현할 수 있어요.

Possible Answers

Precisely.

맞아요.

No doubt about it.

당연하죠.

What makes you say that?

왜 그런 말을 하죠?

I don't think so.

전 그렇게 생각 안 해요.

📋 단어

• precisely 정확하게
• doubt 의혹

A It seems like Tony doesn't like me.

토니가 날 안 좋아하는 것 같아.

B What makes you think so?

왜 그런 생각을 해?

Possible Answers

See? I told you.

거봐! 내가 뭐라고 그랬어?

I knew it.

그럴 줄 알았어.

Why do you say that?

왜 그런 말을 해?

Why do you feel that way?

왜 그렇게 느끼는 거야?

• know 알다
• feel 느끼다

UNIT
01

Theme

: 테마 영어 1

t_ 01.mp3

A What do you usually do before you *leave for work*?

B I need to *get dressed* and *put on my makeup* before *go*ing *to work*, and then I *commute* to work *by subway*. When I get to the office, I *drink*
사무실에 도착하다
a cup of coffee for a change before I begin to work.
기분전환으로

A Then how much coffee do you drink a day?

B I think I drink more than 5 cups of coffee per day.
이상으로

A Oh, really? Wow! Why do you consume so much?
소비하다

B Because coffee is my pick-me-up. I really love it.

A Well, I prefer to drink tea rather than coffee.
prefer A rather than B보다 A를 선호하다

B Oh, I see.

A 평상시 *직장으로 나서*기 전에 뭘 해요?

B *출근하*기 전에 옷 입고 *화장*해야 해요. 그리고 나서 *지하철로 통근*하죠. 사무실에 도착하면 일 시작하기 전에 *기분전환으로 커피 한 잔 마셔*요.

A 그러면 하루에 얼마나 많이 커피를 마시죠?

B 하루에 커피 5잔 이상 마시는 것 같아요.

A 오, 정말요? 와우! 왜 그렇게 많이 마시죠?

B 커피를 마시면 기분이 좋아지기 때문이죠. 커피를 정말 좋아하거든요.

A 글쎄요, 전 커피보다는 차 마시는 걸 선호해요.

B 오, 그렇군요.

01 wake up (잠에서) 깨어나다

It's hard to wake up early in the morning.

새벽에 눈 뜨는 게 힘들어.

I try to wake up early every morning.

매일 아침 일찍 깨어나려고 해.

- early in the morning
  아침 일찍, 새벽에

02 get up early 일찍 일어나다
get up late 늦게 일어나다

I got up early this morning.

오늘 아침에 일찍 일어났어.

I get up late quite often.

자주 늦게 일어나.

- quite often 꽤 종종

03 wash one's face 세수하다
wash one's hands 손 씻다
wash one's hair 머리 감다

It's bothersome to wash my hair every day.

매일 머리감는 거 귀찮아요.

I wash my hands and face before every meal.

식사 전에 손과 얼굴을 씻어요.

- bothersome
  성가신, 귀찮은
- meal 음식, 식사

04 brush one's teeth 양치질하다

I brush my teeth three times a day.

하루에 세 번 양치질 해.

I brush my teeth right after meals.

식사 후 바로 양치질해요.

- three times a day
  하루에 세 번

05 **eat breakfast** 아침을 먹다
have breakfast 아침 식사하다
skip breakfast 아침을 굶다

When I get up late, I normally skip breakfast.
늦게 일어날 때는, 보통 아침은 굶어요.

I try to eat breakfast at home every day.
매일 집에서 아침을 먹으려고 해.

📖 단어

· normally 대게, 보통은
· at home 집에서

06 **get dressed (up)** 옷을 입다

I need to get dressed up before going to work.
출근 전에 옷을 잘 차려 입어야 해요.

I don't have time to get dressed up.
말끔하게 옷 차려 입을 시간이 없어요.

· go to work 출근하다

07 **put on (one's) makeup** 화장하다

I like putting on my makeup.
화장하는 걸 좋아해.

I always put on some makeup before going out.
외출하기 전에 늘 화장해요.

· go out 외출하다

08 **go to work** 출근하다
get to work 출근하다
leave for work 직장으로 나서다

I go to work by bus.
버스로 출근해요.

It's time to leave for work.
직장으로 나설 시간이 됐네.

· by bus 버스로

09 commute by (bus/taxi/subway)
(버스/택시/지하철)로 통근하다

I normally commute by subway every morning.
매일 아침 보통 지하철로 출근해요.

I hate commuting to work by bus.
버스로 직장에 통근하는 걸 싫어해요.

10 drink a cup of coffee 커피 한 잔 마시다
drink some coffee 커피를 좀 마시다

I drink a cup of coffee right after meals.
식사 후 바로 커피 한 잔 마셔요.

I feel like drinking some coffee.
커피가 좀 땡기네.

• hate
증오하다, 몹시 싫어하다

• feel like −ing ~하고 싶다

A What do you usually do in the mornings?

B When I <u>get up early in the morning</u>, the first thing I do is *air out the*
아침 일찍 일어나다
room and *vacuum the floors*. And then I *do the dishes* and *the laundry*
<u>by myself</u>. But <u>from time to time</u>, my husband tries to help me *do*
by oneself 혼자서   종종, 가끔은
the housework.

A What kind of things does he help you with?

B That <u>depends on</u> the situation.
depend on 달렸다, 의존하다

A Could you be more <u>specific</u>?
구체적인

B When I *make breakfast* for my family, he cleans up the rooms or *takes out*
the garbage <u>and so on</u>.
기타 등등

A He must be a good husband, I <u>guess</u>.
~인 것 같다, 추측하다

B I think so.

A 매일 아침에 보통 뭐해요?

B 아침에 일찍 일어날 때, 제일 먼저 하는 일이 *방 환기시키*고 *진공청소기로 바닥을 청소하*는 거예요. 그리고 나서 혼자 *설거지*와 *빨래를 하*죠. 하지만 가끔은 남편이 내가 *집안일 하*는 거 도와주려고 해요.

A 남편이 어떤 일을 도와주는데요?

B 그건 상황에 따라 달라요.

A 좀 더 구체적으로 말씀해주시겠어요?

B 가족 위해 *아침 식사를 준비*할 때, 그는 방들을 청소하거나 *쓰레기를 내다 버리*거나 그 외 것들을 해요.

A 좋은 남편이 틀림없군요.

B 저도 그렇게 느껴요.

01 air out the room 방 환기시키다

I'm just airing out the room.

그냥 방 환기시키고 있는 중이야.

I'm trying to air out the room.

방 환기시키려고 하는 거야.

🗨 단어

• be trying to
  ~하려고 노력중이다

02 do the dishes 설거지하다

I'm sick and tired of doing the dishes.

설거지하는 게 지겨워 죽겠어.

I enjoy doing the dishes at home.

집에서 설거지하는 걸 즐겨.

• be sick and tired of
  ~이 지겹다
• at home 집에서

03 do the laundry 빨래하다

I'm really good at doing the laundry.

빨래 정말 잘해.

When I feel stressed out, I do the laundry.

스트레스를 받을 때는, 빨래를 해요.

• be good at ~을 잘하다
• feel stressed out
  스트레스를 받다

04 do the housework 집안일하다

I do the housework all by myself.

나 혼자 집안일을 해.

I normally do the housework with my husband.

보통 남편과 함께 집안일을 해요.

• all by oneself 혼자서
• normally 대게, 보통은

05 **vacuum the floors** 진공청소기로 바닥을 청소하다

I'm going to vacuum the floors.
진공청소기로 바닥 청소할 거야.

I vacuum the floors once a day.
하루에 한 번 진공청소기로 바닥 청소해요.

• once a day 하루에 한 번

06 **take out the trash** 쓰레기 내놓다
take out the garbage 쓰레기를 내다 버리다

I have to take out the trash.
쓰레기 내놓아야 해.

My husband takes out the garbage every morning.
매일 아침 남편이 쓰레기 내다 버려.

• husband 남편

07 **make (breakfast/lunch/supper(dinner))**
(아침/점심/저녁 식사를) 준비하다

I always make breakfast for my family.
항상 가족을 위해 아침 식사 차려.

I love making dinner for my family.
가족 위해 저녁 식사 준비하는 걸 정말 좋아해.

• always 항상, 늘
• family 가족

08 **dust the furniture** 가구의 먼지를 닦다

I forgot to dust the furniture.
가구 먼지 닦는 거 잊었어.

I'm planning to dust the furniture in the afternoon.
오후에 가구 먼지를 닦을 생각이야.

• forget 잊다, 까먹다
• be planning to
  ~할 계획이다

단어

09 clean up the house 집을 청소하다

I'm not in the mood to clean up the house today.

오늘은 집안 청소할 기분이 아냐.

I don't want to clean up the house all by myself.

혼자 집안 청소하고 싶지 않아.

10 turn on the stove 가스레인지를 켜다
turn off the stove 가스레인지를 끄다

I'm trying to turn on the stove.

가스레인지 켜려고 하는 거야.

I forgot to turn off the stove this morning.

오늘 아침에 가스레인지 끄는 걸 깜박했어.

🔊 단어

• be in the mood to
  ~할 기분이다
• all by oneself 혼자서

• be trying to
  ~하려고 노력중이다
• forget 잊다

03 스트레스

A Where are we?

B I have no idea, but this place is great, isn't it?

A Yes, it sure is. This is so cool. I mean, it is <u>awesome</u>.
멋진, 굉장한

B I feel the same way. Anyway, Jenny, do you mind if I ask you a <u>personal</u> question?
개인적인

A Of course not. What do you wanna know?

B When you *feel stressed out*, what do you usually do?

A When I *'m under a lot of stress*, I <u>normally</u> take a walk in the park or <u>listen to music</u> on my smartphone. But sometimes I meet some friends at a coffee shop in my <u>neighborhood</u>, and then I chat with them over coffee. <u>On the other hand</u>, I try to avoid *get*ting *a lot of stress* by having a positive <u>attitude</u> these days.
일반적으로 / 음악을 듣다 / 이웃 / 다른 한편으로 / 태도

B In my case, when I *get stressed out*, I usually <u>work out at the gym</u> to *beat my stress*.
헬스장에서 운동하다

A 여기가 어디야?

B 모르겠어, 하지만 이곳 괜찮네, 안 그래?

A 맞아, 정말 그래. 여기 너무 근사한데. 내 말은, 정말 멋져.

B 나 역시 그렇게 생각해. 그건 그렇고, 제니, 사적인 질문 하나 해도 돼?

A 물론이지. 뭘 알고 싶은데?

B 스트레스 받을 때, 보통 뭘 해?

A 스트레스를 많이 받을 때면, 보통 공원을 산책하거나 스마트폰으로 음악을 들어. 하지만 때로는 동네에 있는 커피숍에서 친구들을 만나, 그리고 나서 커피 마시면서 그들과 수다를 떨지. 다른 한편으로, 요즘에는 긍정적인 자세를 통해 스트레스 많이 받는 걸 피하려고 노력하기도 해.

B 내 경우에는, 스트레스 받을 때, 보통 헬스장에서 운동하면서 스트레스를 푸는 편이야.

01 get stressed out 스트레스를 받다
feel stressed out 극도의 스트레스를 느끼다
feel stressed 스트레스를 느끼다

When I get stressed out, I usually listen to music.
스트레스를 받을 때면, 보통 음악을 들어.

I feel stressed quite often these days.
요즘 꽤 자주 스트레스를 느껴요.

02 beat one's stress 스트레스를 풀다
relieve stress 스트레스를 풀다
get rid of stress 스트레스 해소하다

I need to go out to beat my stress.
스트레스를 풀기 위해 외출해야 돼.

I don't know how to get rid of stress.
어떻게 스트레스를 해소해야 할지 모르겠어요.

03 get some rest 휴식을 좀 취하다

I need to go home and get some rest.
집에 가서 휴식을 좀 취해야 돼.

I'm so exhausted that I need to get some rest.
너무 지친상태라 휴식을 좀 취해야겠어요.

04 take a break 잠시 쉬다
take five 5분 쉬다
take ten 10분 쉬다

How about taking a break?
잠깐 쉬는 게 어떨까요?

Let's take five.
5분만 쉽시다.

🗨 단어

• listen to music
  음악을 듣다
• quite often 꽤 자주

• go out 외출하다

• exhausted 기진맥진한

• How about~? ~ 어때요?

05 **deal with stress** 스트레스에 대처하다
cope with stress 스트레스에 대처하다

I can deal with stress efficiently.
효율적으로 스트레스에 대처할 수 있어요.

There are a lot of ways to cope with stress.
스트레스에 대처하는 방법들이 많아요.

06 **be so stressful** 스트레스를 많이 주다
be too stressful 스트레스가 심하다

My work is so stressful.
내 업무는 스트레스가 심해.

It can be too stressful to study abroad.
유학 가는 것은 스트레스가 심할 수도 있어.

07 **be under a lot of stress** 스트레스를 엄청 받다

I was under a lot of stress at work.
회사에서 스트레스가 심했어요.

I've just been under a lot of stress lately.
요즘 난 스트레스가 많이 쌓였었어.

08 **be under a lot of pressure** 압박 많이 받다, 부담 많이 받다

I'm under a lot of pressure from work nowadays.
요즘 일 때문에 부담 많이 받고 있어.

I've been under a lot of pressure lately.
최근에 압박 많이 받고 있었어요.

09 get a lot of stress 스트레스를 많이 받다

I'm getting a lot of stress from work.
난 일에서 스트레스 많이 받고 있어.

I always try to avoid getting a lot of stress.
늘 스트레스 많이 받는 걸 피하려고 노력해.

10 stress me out 날 스트레스 받게 하다

My boss is really stressing me out.
내 상사가 스트레스를 엄청 주고 있어.

You stress me out too much.
넌 내게 너무 스트레스를 줘.

📢 단어

• avoid 피하다

• really 정말
• too much 너무, 지나치게

t_ 04.mp3

A I'm sorry, I'm late again.

B Think nothing of it. Grab a seat.

A Thanks. Jessie, what are you up to?

B Nothing much. I'm just *watch*ing *movies*. Jackie, do you like *watch*ing *movies*?

A Sure, I do. *Guess* what? I*'m a movie buff*. When I have some <u>free time</u>, I
   always *go to the theater* to <u>catch a movie</u>.
   추측하다   자유 시간
                                             영화를 보다

B Oh, yeah? That's news to me. I mean, I didn't know you *were* such *a
   movie fanatic.* Then can you tell me how often you *watch movies* and why
   you like watching them?

A I *watch movies* at least *twice a week*. I watch them with some friends or
   <u>by myself</u>. *Watch*ing *movies* is fun and interesting, and also it helps
   by oneself 혼자서
   me <u>relieve stress</u> when I get a lot of stress from work. I think I*'m* really
       스트레스를 풀다
   into movies nowadays.

B Oh, I see. In my case, I<u>'m crazy about shopping online</u> these days.
                        be crazy about ~을 광적으로 좋아하다 shop online 온라인 쇼핑하다

A 또 늦어서 미안해요.

B 괜찮아요. 앉아요.

A 고마워요. 제시, 뭐하고 있어요?

B 별거 아니에요. 그냥 영화 보고 있는 중이에요. 재키, 영화 보는 거 좋아해요?

A 물론이죠. 있잖아요? 전 영화광이거든요. 여가시간이 있을 때, 늘 영화 보러 극장에 갑니다.

B 오, 그래요? 금시초문이네요. 제 말은, 당신이 그런 영화광인줄은 몰랐어요. 그러면 얼마나 자주 영화를
   보며 왜 영화 보는 걸 좋아하는지 말해줄래요?

A 일주일에 적어도 두 번은 영화를 봐요. 친구들과 아니면 혼자서 영화를 보는 편이죠. 영화 보는 것은 재미
   있고 흥미로워요. 또한 일 때문에 스트레스 엄청 받을 때 스트레스 푸는 데 도움이 됩니다. 전 요즘 영화에
   정말 푹 빠져있는 거 같아요.

B 오, 그렇군요. 제 경우에는, 요즘 온라인 쇼핑에 푹 빠져 살고 있어요.

01 watch movies 영화보다

Watching movies is my favorite thing.
영화 보는 것은 내가 가장 좋아하는 거예요.

I'm not in the mood to watch movies today.
오늘은 영화 보고 싶은 기분이 아냐.

단어
- favorite 가장 좋아하는
- be not in the mood to ~할 기분이 아니다

02 go to the movies 극장에 가다
go to the theater 극장에 가다
go to see a movie 영화 보러 가다

I go to the movies at least twice a week.
적어도 일주일에 두 번 극장에 가.

I'm planning to go to see a movie after work.
퇴근 후에 영화 보러 갈 생각이야.

- at least 적어도
- after work 퇴근 후에

03 be a movie (fanatic/buff/goer) 영화광이다
be into movies 영화에 푹 빠져있다

I think I'm a movie buff.
난 영화광인 것 같아요.

I'm into movies these days.
요즘 영화에 푹 빠져있어.

- these days 요즘

04 watch movies on my smartphone
내 스마트폰으로 영화보다

I don't like watching movies on my smartphone.
스마트폰으로 영화 보는 걸 안 좋아해.

I watch movies on my smartphone from time to time.
가끔은 스마트폰으로 영화 봐요.

- from time to time 가끔, 이따금

05 enjoy watching movies 영화 보는 걸 즐기다
like watching movies alone 혼자 영화 보는 걸 좋아하다

I enjoy watching movies with my family every day.
난 매일 가족이랑 영화 보는 걸 즐겨.

I like watching movies alone.
혼자 영화 보는 걸 좋아해요.

06 like (action/adventure/comedy) movies
(액션/모험/코미디) 영화를 좋아하다

I like adventure movies.
모험 영화를 좋아해.

I don't like watching comedy movies.
코미디 영화를 보는 걸 안 좋아해요.

07 buy movie tickets online 온라인으로 영화표 구입하다
buy the movie tickets (beforehand/in advance)
미리 영화표를 사다

I always buy movie tickets online in advance.
늘 온라인으로 미리 영화표를 구입해요.

I need to buy the movie tickets beforehand.
미리 영화표를 구입해야 돼.

08 watch movies in my (free/spare/leisure) time
내 자유 시간에 영화를 보다

I enjoy watching movies in my free time.
내 자유 시간에 영화 보는 걸 즐겨요.

In my free time, I watch movies with some friends.
자유 시간에, 친구들과 영화를 봐.

📘 단어

- family 가족

- watch 지켜보다, 관람하다

- always 항상
- in advance 미리, 사전에

- enjoy 즐기다

09 watch movies (to beat my stress/to relieve stress)
스트레스 풀려고 영화보다

To relieve stress, I prefer watching movies to drinking.

스트레스 풀기위해, 술 마시는 것보다 영화 보는 걸 선호해.

Whenever I feel stressed out, I watch movies to beat my stress.

스트레스를 받을 때마다, 스트레스 풀려고 영화를 봐요.

10 watch movies (once/twice/three times) a week
일주일에 (한 번/두 번/세 번) 영화보다

I normally watch movies once a week.

보통 일주일에 한 번 영화 봐.

I watch movies more than three times a week.

일주일에 세 번 이상 영화를 봐요.

🔊 단어

• prefer 선호하다
• feel stressed out
  스트레스를 받다

• normally 대게, 보통은
• more than 이상으로

UNIT
02

Theme

: 테마 영어 2

t_ 05.mp3

A What a pleasant surprise! Is that you, Cindy? I haven't seen you in ages.

B Sam! Good to see you. What have you been up to these days?

A I have been <u>pretty busy</u> with work. And you?
꽤 바쁜

B Things are good. You look well. You haven't changed a bit.

A Thanks. <u>Honestly</u>, I have been *exercising regularly* <u>for a long time</u>.
솔직히 오랫동안

B Oh, really? Why do you *exercise regularly*?

A Well, there are a lot of reasons that I *exercise on a regular basis*. First, I *like exercising*. It means a lot to me. Whenever I <u>get a lot of stress</u> from work, I *go to the gym* to *work out* because *working out at the gym* 스트레스를 많이 받다 really helps me <u>beat my stress</u>. Next, I think it's <u>important</u> beat one's stress 스트레스를 풀다 중요한 to *exercise to stay healthy*. That's why I try to *work out at the gym* or *do aerobic exercises* in the park in my neighborhood when I have some free time. I think walking is the best exercise.

B I couldn't <u>agree</u> more on that. I really *like walking* as an exercise.
동의하다

A 깜짝 놀랐어! 신디 아냐? 정말 오랜만이네.

B 쌤! 만나서 반가워. 요즘 어떻게 지내고 있었어?

A 일 때문에 아주 정신없었어. 넌?

B 괜찮아. 너 좋아 보여. 변한 게 하나도 없어.

A 고마워. 실은, 오랫동안 규칙적으로 운동을 해오고 있었거든.

B 오, 정말이야? 왜 규칙적으로 운동하는 거야?

A 글쎄, 규칙적으로 운동하는 이유가 많아. 우선 운동하는 걸 좋아해. 나에게는 큰 의미가 있어. 일 때문에 스트레스 많이 받을 때 마다, 운동하러 헬스장에 가. 헬스장에서 운동하는 게 스트레스 푸는 데 도움을 주기 때문이지. 다음은, 건강을 유지하기 위해 운동하는 게 중요한 것 같아. 그래서 시간이 좀 있을 때면 헬스장에서 운동하거나 우리 동네에 있는 공원에서 유산소 운동을 하려고 해. 걷기가 가장 좋은 운동 같아.

B 그 점에는 나도 전적으로 동의해. 운동으로 걷는 걸 정말 좋아하거든.

01 exercise 운동하다
work out 운동하다
do some exercises 운동을 좀 하다

I exercise on a regular basis.
난 규칙적으로 운동하는 편이에요.

Let's do some exercises in the afternoon.
오후에 운동을 좀 합시다.

02 work out at the gym 헬스장에서 운동하다

I don't have time to work out at the gym.
헬스장에서 운동할 시간이 없어요.

I work out at the gym on a daily basis.
헬스장에서 매일 운동합니다.

03 exercise (regularly/on a regular basis) 규칙적으로 운동하다

It's really important to exercise regularly.
규칙적으로 운동하는 것은 정말 중요해요.

I'm going to exercise on a regular basis.
규칙적으로 운동할 거야.

04 sign up for yoga classes 요가 수업에 등록하다
sign up for a membership 회원 등록을 하다

I'm thinking of signing up for yoga classes.
요가 수업에 등록할까 생각중이야.

I'm here to sign up for a membership.
회원 등록하러 왔어요.

🔊 단어

• on a regular basis 규칙적으로
• in the afternoon 오후에

• on a daily basis 매일

• important 중요한

• think of ~에 대해 생각하다

05 **be addicted to exercise** 운동에 중독되다

I don't think I'm addicted to exercise.
운동에 중독된 것 같진 않아요.

I used to be addicted to exercise when I was young.
젊었을 때 운동에 중독되곤 했어.

06 **exercise to lose weight** 살 빼려고 운동하다
exercise to stay healthy 건강을 유지하기 위해 운동하다

The reason that I exercise is to lose weight.
내가 운동하는 이유는 살 빼기 위함이에요.

It's important to exercise to stay healthy.
건강 유지하기 위해 운동하는 것은 중요해.

07 **like (walking/running)** (걷기/달리기) 좋아하다

I don't like walking that much.
난 걷기를 그다지 좋아하지는 않아.

I used to like running as an exercise.
난 운동으로 달리기를 좋아하곤 했어.

08 **go to the gym** 헬스장에 가다
go to the fitness club 헬스클럽에 가다
hit the gym 헬스장에 다니다, 운동하러 가다

I rarely go to the gym.
난 거의 헬스장에 가지 않아요.

Why don't we hit the gym together?
우리 함께 헬스장에 다니는 게 어때요?

09 **build muscle** 근육을 만들다
do aerobic exercises 유산소 운동을 하다
do some stretches 스트레칭을 좀 하다

I try to do aerobic exercises every morning.
매일 아침 유산소 운동을 하려고 해.

I go to the gym and work out to build muscle.
근육 만들기 위해 헬스장에 가서 운동해.

10 **run on a treadmill** 러닝머신에서 뛰다
walk a lot 많이 걷다

I run on a treadmill for an hour a day.
난 하루에 한 시간정도 러닝머신에서 뛰어.

I feel like I have to walk a lot today.
오늘은 많이 걸어야겠어.

• go to the gym
헬스장에 가다

• today 오늘

A Hello? Who's this?

B Hi, Juliet! This is Sam.

A Hi, Sam! What's up? How are you doing?

B Never been better, thanks. Hey, Juliet! Have you got a minute? I'm calling to ask you something.

A Sure thing. What do you want to ask me about?

B When was the last time you *traveled abroad*?

A Well, let me see. I think the last time I *traveled overseas* was <u>a couple of months ago</u>. I *went on a trip* to Hong Kong. It was my second *visit* and I *had a* really *great time* while <u>hanging out with</u> some friends there. We *took a lot of pictures* and *ate the local food*. It was the happiest <u>moment</u> of my life.
두어 달 전에
hang out with ~와 어울려 지내다
순간

B Wow, I'm so <u>jealous</u>. <u>As a matter of fact</u>, I've never been to Hong Kong before.
시기 질투하는 사실

A 여보세요? 누구세요?

B 안녕하세요, 줄리엣! 쌤이에요.

A 안녕하세요, 쌤! 웬일이에요? 잘 지내요?

B 더할 나위 없이 좋아요, 고마워요. 이봐요, 줄리엣! 잠깐 시간 돼요? 뭔가 물어보려고 전화했어요.

A 물론이죠. 묻고 싶은 게 뭐예요?

B 마지막으로 *해외여행* 갔던 게 언제였어요?

A 글쎄요. 마지막으로 *해외여행을* 갔던 게 두어 달 전이었어요. 홍콩으로 *여행* 갔어요. 두 번째 *방문*이었고 그곳에서 친구들과 어울려 지내는 동안 정말 좋은 *시간을* 보냈죠. 우린 사진도 많이 찍고 현지 음식도 먹었어요. 내 삶에 가장 행복한 순간이었어요.

B 와우, 부럽네요. 사실은, 전에 홍콩에 가본 적이 전혀 없거든요.

01 go on a trip 여행 가다
go on a vacation 휴가를 가다
go on a family trip 가족 여행을 가다
take a trip 여행하다

• consider
고려하다, 생각하다

I'm considering going on a family trip to Sydney.

시드니로 가족 여행을 갈 생각중이야.

I went on a trip to New York last Sunday.

지난 일요일에 뉴욕으로 여행을 갔었어.

02 travel 여행하다 / travel alone 혼자 여행하다
travel with ~와 여행하다
travel in(as) a group 단체로 여행하다

• be afraid of
~을 두려워하다

I'm afraid of traveling alone.

혼자 여행하는 게 두려워요.

I'm just traveling with my family.

그냥 가족과 여행 중이에요.

03 travel (abroad/overseas) 해외여행하다
go overseas 해외로 가다
go sightseeing 관광하다

• be planning to
~할 계획이다
• summer vacation
여름휴가
• at least 적어도

I'm planning to go overseas for the summer vacation.

여름휴가에 해외로 나갈 생각이야.

I go sightseeing at least once a month.

한 달에 적어도 한 번은 관광을 해요.

04 **visit** 방문하다, 방문
pay a visit to ~에 들르다

I visited Japan with my best friend last spring.
작년 봄에 절친이랑 일본을 방문했어요.

I'm going to pay a visit to Hong Kong tomorrow.
내일 홍콩에 들를 거야.

• spring 봄
• tomorrow 내일

05 **have a (great/good) time** 좋은 시간을 가지다
take a few days off 며칠 쉬다

I had a great time while traveling by myself.
혼자 여행하면서 좋은 시간 보냈어요.

I need to take a few days off.
며칠을 쉬어야 돼.

• travel by oneself
혼자 여행하다

06 **drop by the duty-free shop** 면세점에 들르다

I dropped by the duty-free shop at the airport.
공항에 있는 면세점에 들렸어요.

Be sure to drop by the duty-free shop.
꼭 면세점에 들려.

• airport 공항

07 **take pictures** 사진 찍다
take a lot of pictures 사진 많이 찍다

I don't want to take pictures right now.
지금 사진 찍고 싶지 않아요.

I take a lot of pictures when traveling overseas.
해외여행 할 때 사진 많이 찍어.

• right now 지금, 당장
• travel overseas
해외여행하다

08 go on a guided tour 가이드와 함께 관광을 하다
go on a guided tour package
가이드가 있는 패키지여행을 가다

It's convenient to go on a guided tour.

가이드와 함께 관광을 하는 것은 편해요.

I'm planning to go on a guided tour package.

가이드가 있는 패키지여행을 갈 생각이야.

09 make a hotel reservation in advance
미리 호텔 예약을 하다
book a vacation package 휴가 패키지 상품을 예약하다

I would like to make a hotel reservation in advance.

미리 호텔 예약을 하고 싶어요.

I'm here to book a vacation package.

휴가 패키지 상품을 예약하러 왔어요.

10 eat the local food 현지 음식을 먹다
find good tourist attractions 괜찮은 관광지를 찾다

I'm in the mood to eat the local food.

현지 음식을 먹고 싶은 기분이야.

I found some good tourist attractions on my trip.

여행 중에 몇몇 괜찮은 관광지를 찾았어요.

단어

• convenient 편리한

• I would like to
～하고 싶습니다

• be in the mood to
～할 기분이다

t_ 07.mp3

A It's me. Karen.

B Karen? Come on in.

A Oops! I'm sorry. I didn't know you were still working while *listen*ing *to music*.

B Oh, no worries. In fact, I was just about to call you.

A I see. Anyway, do you like *listen*ing *to music*?

B Absolutely.

A Why do you like *listen*ing *to music*?

B Well, there are some <u>reasons</u> that I like *listen*ing *to music*. First, when I
   reason 이유
   <u>feel stressed out</u>, I always *listen to music* because it <u>calms</u> me
   스트레스를 받다   calm down 진정하다
   <u>down</u> or helps me <u>relieve stress</u>. Next, I really love *listen*ing *to music on*
                        스트레스를 풀다
   the radio. It's my <u>favorite</u> thing. I think I<u>'m really into music</u>. You see, I
                        가장 좋아하는   be into music 음악에 빠지다
   *can't get enough of listen*ing *to music*. **This is it.**

A 저예요. 카렌.

B 카렌? 어서 들어와요.

A 아차! 미안해요. *음악 들으*며 아직도 일하고 있는지 몰랐어요.

B 오, 괜찮아요. 실은, 막 전화하려고 했었어요.

A 그렇군요. 아무튼, *음악 듣*는 걸 좋아해요.

B 물론이죠.

A *음악 듣*는 걸 왜 좋아해요?

B 글쎄요, *음악 듣*는 걸 좋아하는 이유가 좀 있어요. 우선, 스트레스를 받을 때면, 늘 음악을 듣죠. 진정시
   켜 주거나 스트레스 해소하는 데 도움을 주기 때문이죠. 다음은, 정말 *라디오로 음악 듣*는 걸 좋아해요.
   내가 가장 좋아하는 일이기도 해요. 난 정말 음악에 푹 빠져있는 것 같아요. 그러니까, *음악은 아무리 들
   어도 질리지가 않거든요*. 이상이에요.

01 **listen to music** 음악을 듣다
listen to the radio 라디오를 듣다
listen to pop music 대중음악을 듣다

I listen to music while studying in my room.
내 방에서 공부하면서 음악을 들어.

I listen to pop music every day.
난 매일 대중음악을 들어.

02 **listen to music online** 온라인으로 음악 듣다
listen to music on the radio 라디오로 음악 듣다
listen to music on my smartphone
내 스마트폰으로 음악 듣다

Listening to music online calms me down.
온라인으로 음악 들으면 마음이 편해져요.

I like listening to music on my smartphone.
내 스마트폰으로 음악 듣는 걸 좋아해요.

03 **like classical music** 클래식 음악을 좋아하다
like pop music 대중음악을 좋아하다

I don't think I like classical music.
난 클래식 음악을 안 좋아하는 것 같아.

I like classical music better than pop music.
대중음악보다는 클래식 음악을 더 좋아해요.

04 **listen to music to beat my stress**
스트레스 풀려고 음악 듣다
listen to music in my free time 자유 시간에 음악을 듣다

I normally listen to music to beat my stress.
보통 스트레스 풀려고 음악 들어.

In my free time, I listen to music in my room.
자유 시간에, 내 방에서 음악을 들어요.

📴 단어

• study 공부하다

• calm down 진정하다
• like 좋아하다

• better than
  ~보다 더 나은

• normally 대게, 보통은

05 used to listen to music on the radio
라디오로 음악을 듣곤 했다

I used to listen to music on the radio.
라디오로 음악을 듣고 했어요.

I used to listen to music on the radio every night.
매일 밤 라디오로 음악을 듣곤 했어.

06 like singing more than listening to music
음악 듣는 거 보다 노래하는 걸 좋아하다
sing to relieve stress 스트레스 풀려고 노래 부르다

I like singing more than listening to music.
음악 듣는 거 보다 노래하는 걸 좋아해요.

I sing to relieve stress quite often.
스트레스 풀려고 꽤 자주 노래 불러요.

07 play a musical instrument 악기를 연주하다
play the (piano/violin/guitar)
(피아노/바이올린/기타)를 연주하다

I don't know how to play the guitar.
어떻게 기타를 연주하는지 난 몰라.

I would like to learn to play the piano.
피아노 연주를 배우고 싶어요.

08 be a good singer 노래를 잘하다
be good at singing 노래를 잘하다
be terrible at singing 노래를 못하다
be tone-deaf 음치다

I'm good at singing.
난 노래 잘해.

I think I'm tone-deaf.
나 음치인 것 같아.

단어

• every night 매일 밤

• quite often 꽤 자주

• know 알다
• learn 배우다

• think
생각하다, ~인 것 같다

09 | be worried about singing 노래하는 게 걱정되다
be interested in singing 노래하는 데 관심이 있다

I'm worried about singing in front of people.

사람들 앞에서 노래하는 게 걱정돼.

I'm getting interested in singing these days.

요즘 노래하는 데 관심이 가고 있어요.

10 | can't get enough of 아무리 ∼해도 안 질린다

I can't get enough of his song.

그의 음악을 아무리 들어도 질리지가 않아.

I can't get enough of this classical music.

이 클래식 음악은 아무리 들어도 안 질려.

📢 단어

• in front of 앞에서
• these days 요즘

• classical music
클래식 음악

08 주말 계획

A It's too cold outside. It looks like it's going to snow soon.

B Yes, it is. That's exactly what I'm thinking. You know, I'm freezing to
정확하게
death.

A Tell me about it. Let's hurry up and get inside, or we might catch a cold.
서두르다   감기에 걸리다

B Now you're talking.

A Hey, Rosie, watch your step. The stairs are slippery, so take extra care
미끄러운
when you walk up the stairs.

B Sam, thanks for your concern.
걱정, 염려

A No problem. By the way, Rosie, what do you usually do on weekends?

B That depends. When I'm so exhausted, I just *stay home* and *watch TV* or
기진맥진한
catch up on my sleep. However, sometimes I try to *meet some friends* and
가끔은, 종종
have a chat with them. I love *hang*ing *out with* them on the weekend.

A 밖이 너무 추워요. 곧 눈 올 것 같아요.

B 네. 제 생각이 바로 그거예요. 있잖아요, 얼어 죽을 것 같아요.

A 그러게 말이에요. 자 서둘러서 안으로 들어가죠, 안 그랬다간 우리 감기 걸릴 거예요.

B 이제야 말이 좀 통하네요.

A 이봐요, 로지, 발 조심해요. 계단들이 미끄러우니깐, 걸어서 계단 올라갈 때는 특히 조심해요.

B 쌤, 걱정해줘서 고마워요.

A 천만에요. 그건 그렇고, 로지, 보통 주말마다 뭐해요?

B 상황에 따라 달라요. 너무 피곤할 때는, 그냥 *집에 머물면서 TV 시청하*거나 *잠을 보충해요.* 하지만, 때로는
*친구들을 만*나 *그들과 수다를 떨*려고 하죠. *주말에 친구들과 어울려 지내*는 걸 정말 좋아해요.

01 hang out with ~와 어울리다
spend some time with ~와 시간을 좀 보내다

It's fun to hang out with my son.

아들과 어울려 지내는 게 재밌어요.

I'm planning to spend some time with my best friend.

절친이랑 시간 좀 보낼 생각이야.

02 stay home 집에 머무르다
relax 편히 쉬다

I'll just stay home.

그냥 집에 있을래.

I just stayed home and relaxed yesterday.

어제 그냥 집에 머물면서 쉬었어.

03 ride bikes 자전거를 타다
read books 책을 읽다

I ride bikes every weekend.

매주 자전거를 타요.

I go to the library to read books on weekends.

난 주말마다 책 읽으려고 도서관에 가.

04 catch up on my sleep 잠을 보충하다

I need to catch up on my sleep today.

오늘 잠 보충해야 돼.

I stay home and catch up on my sleep on weekends.

주말에 집에 머물면서 잠을 보충해.

05
go hiking 하이킹하다
go camping 캠핑하다
go for a hike 하이킹하러 가다
go for a walk 산책하러 가다

- How about -ing?
  ~하는 거 어때요?

How about going hiking?
하이킹 하는 게 어떨까요?

Let's go for a walk. What do you say?
산책하러 갑시다. 어때요?

06
chat with ~와 수다 떨다
have a chat with ~와 잡담하다, ~와 수다 떨다

- boring 지루한
- elder sister 누나, 언니
- at home 집에서

It's a little boring to chat with some friends.
친구들과 수다 떠는 건 좀 지루해요.

I often have a chat with my elder sister at home.
종종 언니와 집에서 수다 떨어.

07
learn to swim 수영을 배우다
learn to cook 요리를 배우다

- kid 어린이, 아이

I learned to swim when I was a little kid.
어렸을 때 수영을 배웠어요.

I would like to learn to cook.
요리를 배우고 싶어요.

08
watch TV TV를 시청하다
meet some friends 친구들을 만나다

- at least 적어도
- at a coffee shop
  커피숍에서

I watch TV for at least 2 hours a day.
하루에 적어도 두 시간은 TV를 시청해.

I met some friends at a coffee shop last night.
지난밤에 커피숍에서 친구들을 만났어.

09 **do some outdoor activities** 실외 활동을 좀 하다

I'm dying to do some outdoor activities all day long.
하루 종일 실외 활동을 좀 하고 싶어 죽겠어.

It's too cold to do outdoor activities today.
오늘은 실외 활동하기에 너무 추워.

10 **go out for dinner** 저녁 먹으러 나가다

I'm planning to go out for dinner with my family.
가족과 저녁 먹으러 나갈 계획이야.

I'm supposed to go out for dinner today.
오늘 저녁 먹으러 나가기로 되어 있어.

단어

• by dying to
  ~을 몹시 하고 싶다
• all day long 하루 종일
• cold 추운

• be supposed to
  ~하기로 되어 있다

UNIT
03

Theme

: 테마 영어 3

09 쇼핑

t_ 09.mp3

A Do you like *shop*ping?

B Yes, I do. I like *shop*ping.

A Really? Do you like *shop*ping *online* as well?

또한, 역시

B Of course, I do. I really love it.

정말로

A Then what do you think about online shopping?

~에 대해 생각하다

B It's very convenient to *shop online*, especially when I don't have enough

편리한   특히

time to *shop for groceries* in person. That's why I usually prefer *shop*ping

직접   선호하다

online to going to a supermarket or a grocery store to buy some things. I

think online shopping is becoming more and more popular around the

                                           인기 있는

world these days.

A That makes two of us.

B Oh, I see.

A 쇼핑하는 걸 좋아해요?

B 네. 쇼핑하는 거 좋아해요.

A 정말요? 온라인 쇼핑도 좋아하세요?

B 물론이죠. 너무 좋아해요.

A 그러면 온라인 쇼핑하는 거 어떻게 생각하세요?

B 온라인 쇼핑하는 것은 매우 편해요. 특히 직접 장을 보러 갈 충분한 시간이 없을 때 그렇죠. 그래서 보통
   뭔가를 사러 슈퍼마켓이나 식료품 가게 가는 것보다 온라인 쇼핑하는 걸 더 선호하는 편이에요. 요즘에 온
   라인 쇼핑이 전 세계를 통해 더욱더 인기를 끄는 것 같습니다.

A 저도 그렇게 생각해요.

B 오, 그렇군요.

01 shop 쇼핑하다
go shopping 쇼핑하다
shop alone 혼자 쇼핑하다
go shopping once a week 일주일에 한 번 쇼핑하다

🔊 단어
• today 오늘
• always 항상, 늘

I don't have time to go shopping today.
오늘은 쇼핑할 시간이 없어.

I always shop alone.
난 항상 혼자 쇼핑해요.

02 do some window shopping 윈도쇼핑을 좀 하다
do some shopping 쇼핑을 좀 하다
shop online 온라인 쇼핑하다
surf the net 인터넷 검색하다

• normally 대게, 보통은
• for a change
  기분전환으로
• information 정보

I normally do some shopping for a change.
보통 기분전환으로 쇼핑을 좀 하는 편이에요.

I surf the net and get some information.
인터넷을 검색해서 정보를 좀 얻어요.

03 make a shopping list 쇼핑목록을 작성하다

• in advance 미리, 사전에
• take some time
  시간이 좀 걸리다

I always make a shopping list in advance.
항상 미리 쇼핑목록을 작성해.

It takes some time to make a shopping list.
쇼핑목록을 작성하는 데 시간이 좀 걸려요.

04 look around 둘러보다
browse 천천히 구경하다, 둘러보다

• just 그냥, 그저

I'm just looking around.
그냥 둘러보는 거예요.

I'm just browsing.
그냥 둘러보는 거예요.

05 **buy some groceries** 식료품을 좀 사다
buy some meat 고기를 좀 사다
buy some fruits 과일을 좀 사다
buy some vegetables 야채를 좀 사다

I need to buy some groceries.
식료품을 좀 사야해요.

On my way back home, I bought some meat.
집에 돌아오는 길에, 고기를 좀 샀어요.

06 **spend too much money on shopping**
쇼핑에 너무 많은 돈을 쓰다

I tend to spend too much money on shopping.
쇼핑에 너무 많은 돈을 쓰는 경향이 있어.

Don't spend too much money on shopping.
쇼핑에 너무 많은 돈을 쓰지 마.

07 **go to a discount store** 할인 마트에 가다
go to a department store 백화점에 가다

I go to a discount store at least once a day.
적어도 하루에 한 번은 할인 마트에 가.

I like going to a department store in my neighborhood.
동네 백화점에 가는 걸 좋아해요.

08 **push the shopping cart** 쇼핑카트를 밀다
get a discount 할인을 받다

It's bothersome to push the shopping cart.
쇼핑카트를 미는 거 귀찮아.

Can I get a discount, please?
가격 할인 해주시겠어요?

💬 단어

• on one's way back home 집에 돌아오는 길에

• tend to ~하는 경향이 있다

• at least 적어도
• neighborhood 이웃

• bothersome
귀찮은, 성가신

09 be addicted to online shopping 온라인 쇼핑에 중독되다

I think I'm addicted to online shopping.
난 온라인 쇼핑에 중독된 것 같아.

It is not good to be addicted to online shopping.
온라인 쇼핑에 중독되는 것 좋지 않아.

10 shop for groceries (식료품) 장을 보다
go grocery shopping 장을 보다

I shopped for groceries this morning.
오늘 아침에 장을 봤어.

I go grocery shopping every other day.
이틀에 한 번 장을 봐요.

📣 단어

• good 좋은

• every other day
이틀에 한 번

t_ 10.mp3

A Before we start, let me ask you some personal questions.
사적인, 개인적인

B All right. What would you like to know?

A Please tell us something about yourself.

B I'm Bob from Seattle. I'm a mechanical engineer. I work at a small
기술적인
company.

A Okay. And could you tell us a little bit about your family?

B Well, I *have a big family* with many cousins. I *have many brothers and*
사촌
sisters. Some of them got married a couple of years ago. My little brother
and I *have something in common.* We both like watching movies or
playing table tennis together. My father *passed away* a decade ago. Since
탁구
then, I have been living together with my mother. This is it.

A Thank you for answering our questions.
answer 대답하다

B My pleasure.

A 시작하기 전에, 몇 가지 개인적인 질문들을 할게요.

B 알겠습니다. 알고 싶은 게 뭐예요?

A 자신에 대해 얘기를 좀 해주십시오.

B 시애틀에서 온 밥입니다. 기계 공학 기사이고요. 중소기업에서 근무하고 있습니다.

A 알았어요. 그리고 당신 가족에 대해 좀 얘기해주시겠어요?

B 글쎄요, 사촌들이 많은 *대가족이에요.* *형제자매가 많죠.* 그들 중 일부는 몇 년 전에 결혼했어요. 제 남동
생과 저는 *통하는 게 있어요.* 우리 둘은 영화를 보거나 탁구를 치는 걸 좋아해요. 아버지께서는 10년 전에
돌아가셨습니다. 그때 이후로, 전 어머니와 함께 줄 곧 살고 있었습니다. 이상이에요.

A 우리 질문에 답변해주셔서 감사합니다.

B 별말씀을요.

01 have a small family 소가족이다
have a big family 대가족이다

I have a small family.
난 가족이 적어.

I have a big family with many cousins.
사촌들이 많은 대가족이에요.

• cousin 사촌

02 have many siblings 많은 형제자매가 있다
have many brothers and sisters 형제자매들이 많다

I have many siblings.
난 형제자매가 많아요.

I have many brothers and sisters. I'm the youngest.
형제자매가 많아. 난 막내야.

• youngest 가장 젊은

03 have something in common 통하는 게 있다
have nothing in common 통하는 게 없다

We have something in common.
우리는 통하는 게 있어요.

My little sister and I have nothing in common.
여동생과 난 통하는 게 없단 말이야.

• little sister 여동생

04 pass away 작고하다

My father passed away a couple of years ago.
제 아버지께서 몇 년 전에 돌아가셨어요.

My grandfather passed away last month.
할아버지께서 지난달에 돌아가셨어요.

• grandfather 할아버지

05   have a brother and a sister
남자 형제가 하나 여자 형제가 하나 있다
have two little brothers 남동생이 둘 있다
have an elder sister 누나(언니)가 있다

I have a brother and a sister.
남자 형제가 하나 여자 형제가 하나야.

I always wanted to have an elder sister.
난 항상 언니가 있었으면 했어요.

06   live with my parents 부모님과 함께 살다
live far away from my parents
부모님과 멀리 떨어져 살다

I have been living with my parents for a long time.
부모님과 오랫동안 함께 살아왔어요.

I don't want to live far away from my parents.
부모님과 멀리 떨어져 살고 싶진 않아요.

07   have a family gathering 가족 모임을 가지다

I have a family gathering on Saturdays.
토요일마다 가족 모임을 가져.

It's been a long time since I had a family gathering.
오랜만에 가족 모임을 가졌어.

08   get along with some friends 친구들과 사이좋게 지내다
hang out with some friends 친구들과 어울려 지내다

I always try to get along with my friends.
친구들과 사이좋게 지내려고 항상 노력해요.

I always hang out with some friends.
난 항상 친구들과 어울려 지내.

📖 단어 ─────────

• always 항상, 늘

• for a long time 오랫동안

• on Saturday 토요일에

• try to ~하려고 노력하다

09 **get in touch with** ~와 연락하다
keep in touch with ~와 접촉을 유지하다

How can I get in touch with you?

어떻게 연락을 드리면 되죠?

Let's keep in touch with each other.

서로 연락하면서 지내자.

10 **have a phone conversation with** ~와 전화 통화를 하다
get off the phone with ~와 전화 통화를 마치다
call each other back and forth quite often
서로 자주 전화를 주고받다

I just got off the phone with my girlfriend.

방금 여자 친구와 전화 통화를 했어요.

Let's call each other back and forth quite often.

서로 자주 전화를 주고받으면서 지내자.

단어

• each other 서로

• girlfriend 여자 친구

11   스마트폰

A   Do you have a smartphone?

B   Yes, I do. I have a smartphone.

A   Then what do you usually do with your smartphone?
일반적으로, 보통

B   I *do a lot of things with my smartphone*. For instance, when I have some
예를 들어
free time, I normally listen to music, *watch movies* or *play mobile games*
음악을 듣다
on my smartphone. I love *play*ing *games on my smartphone*. And when
I get up early in the mornings, the first thing I have to do is *check my*
e-mails on my smartphone.

A   Do you think you use your smartphone a lot nowadays?
요즘

B   Of course, I do. I think I *use my smartphone too much* these days,
so I'm worried about whether I'm addicted to it or not.
be worried about ~을 걱정하다

A   Oh, I see. As a matter of fact, I always carry a charger around because I
사실은   충전기
tend to use my smartphone a lot these days.

B   Really? We're in the same boat.

A   스마트폰 있어요?

B   네. 스마트폰 있습니다.

A   그러면 평소에 스마트폰으로 뭘 해요?

B   스마트폰으로 많은 것들을 해요. 예를 들어, 자유 시간이 좀 있을 때면, 보통 스마트폰으로 음악 듣거나
영화 보거나 모바일 게임을 해요. 스마트폰으로 게임하는 걸 정말 좋아해요. 그리고 아침마다 일찍 일어날
때면, 제일 먼저 해야 할 일은 스마트폰으로 메일들을 확인하는 거죠.

A   최근에 스마트폰을 많이 사용한다고 생각해요?

B   물론이죠. 요즘에 스마트폰을 너무 많이 사용하는 것 같아요, 그래서 제가 스마트폰에 중독된 건지 아닌지
걱정돼요.

A   오, 그렇군요. 사실은, 최근에 스마트폰을 많이 사용하는 경향이 있기에 항상 충전기를 지니고 다녀요.

B   정말요? 우리 처지가 똑같네요.

01 do a lot of things with my smartphone
스마트폰으로 많은 것들을 하다

I normally do a lot of things with my smartphone.
보통 스마트폰으로 많은 것들을 해요.

I do a lot of things with my smartphone every day.
매일 스마트폰으로 많은 것들을 해.

02 (watch movies/play games) on my smartphone
내 스마트폰으로 (영화 보다/게임하다)

I watch movies on my smartphone every day.
매일 스마트폰으로 영화를 봐.

I love playing games on my smartphone.
내 스마트폰으로 게임하는 걸 정말 좋아해.

03 send text messages to 문자를 ∼에게 보내다
send a text message to 문자를 ∼에게 보내다
text 문자 보내다

I just sent a text message to my girlfriend.
방금 여자 친구에게 문자 보냈어.

Don't forget to text me.
나한테 문자 보내는 걸 잊지 마.

04 check my e-mails 내 이메일들을 확인하다

I check my e-mails at least twice a day.
하루에 적어도 두 번은 내 이메일을 확인해요.

I checked my e-mails as soon as I got back.
돌아오자마자 이메일을 확인했어.

📢 단어

• normally 대게, 보통은
• every day 매일

• love
  사랑하다, 정말 좋아하다

• forget 까먹다, 잊다

• at least 적어도
• as soon as ∼하자마자

💬 단어

05 receive an enormous billing statement
엄청난 청구서를 받다

- yesterday 어제
- be surprised 놀라다

I received an enormous billing statement yesterday.
어제 엄청난 청구서를 받았어요.

I was surprised to receive an enormous billing statement.
엄청난 청구서를 받고 놀랐어.

06 have various functions 다양한 기능들을 가지다

- because ~ 때문에

This new smartphone had various functions.
이 새 스마트폰은 다양한 기능들을 가졌어.

I love this smartphone because it has various functions.
다양한 기능을 가지고 있어 이 스마트폰이 정말 마음에 들어요.

07 be convenient and easy to use 편하고 사용하기 쉽다
be a little complicated to use 사용하기가 좀 복잡하다

- smartphone 스마트폰

It's convenient and easy to use this smartphone.
이 스마트폰은 편하고 사용하기 쉬워.

It's a little complicated to use this smartphone.
이 스마트폰은 사용하기가 좀 복잡해.

08 change my smartphone 내 스마트폰 바꾸다
charge my battery 내 배터리 충전하다

- be planning to
  ~할 계획이다

I'm planning to change my smartphone this time.
이번에 내 스마트폰을 바꿀 생각이야.

I need to charge my battery.
내 배터리를 충전해야 돼.

09 use my smartphone too much
내 스마트폰을 너무 많이 사용하다

I think I use my smartphone too much.

난 스마트폰을 너무 많이 사용하는 것 같아.

I use my smartphone too much these days.

요즘에 난 스마트폰을 너무 많이 사용해.

10 use my smartphone as a camera
내 스마트폰을 카메라로 사용하다
use the free text messaging app
무료 문자 메시지 앱 사용하다

Whenever I travel overseas, I use my smartphone as a camera.

해외여행을 갈 때 마다, 내 스마트폰을 카메라로 사용해요.

I use the free text messaging app to text my best friend every day.

무료 문자 메시지 앱 사용해서 절친에게 매일 문자 보내요.

📧 단어

• think
  생각하다, ~인 것 같다
• these days 요즘에

• travel overseas
  해외여행하다
• text 문자를 보내다

A Why do you *learn English*?

B Because I'm interested in it.
be interested in ~에 관심 있다

A *Are* you *good at English*?

B I don't think so, but I try to improve my English skills every day.
향상시키다

A Then what do you usually do to improve your English skills?

B First, I *watch American TV series and movies* on a daily basis. I know it's
매일
so difficult to *watch movies without any Korean subtitles*, but it's worth
a try. Next, I practice English as often as I can. *For instance*, I *go to an*
연습하다 예를 들어
English language school at least three times a week. And I also I always
적어도
watch YouTube video clips to improve my English listening skills on my
향상시키다
smartphone. That's it.

A Wow, I'm impressed.

B Thanks.

A 영어를 왜 배워요?

B 관심이 있기 때문이죠.

A 영어 잘하시나요?

B 그렇게 생각은 안 하지만, 매일 영어 실력을 향상시키려고 노력하죠.

A 그러면 당신의 영어 실력을 향상시키기 위해 주로 무엇을 하죠?

B 우선, 매일 미국 TV 시리즈와 영화를 봐요. 어떤 한국어 자막 없이 영화를 보는 게 너무 어렵다는 걸 알아
요, 하지만 해볼 만한 가치가 있어요. 그다음으로, 가능한 자주 영어를 연습해요. 예를 들어, 적어도 일주
일에 3번 정도 영어 학원에 다녀요. 그리고 또한 영어 듣기 실력을 향상시키기 위해 스마트폰으로 유튜브
동영상을 항상 시청합니다. 이상이에요.

A 와우, 놀랍군요.

B 고마워요.

01 learn (English/Japanese/Chinese)
(영어/일본어/중국어) 배우다

I learned Japanese as a second foreign language.
제2외국어로 일본어를 배웠어요.

I learned Chinese when I was in high school.
고등학교 다녔을 때 중국어를 배웠어.

• foreign language 외국어
• high school 고등학교

02 speak good English 영어를 잘하다
be good at English 영어를 잘하다
be (poor/terrible) at (English/Spanish)
(영어/스페인어) 못하다

I always wanted to speak good English.
난 항상 영어를 잘하고 싶었어요.

I think I'm terrible at Spanish.
스페인어는 잘 못하는 것 같아.

• always 항상

03 speak (English/Japanese/Chinese) like a native speaker 원어민처럼 (영어/일본어/중국어) 구사하다

I want to speak English like a native speaker.
원어민처럼 영어를 구사하고 싶어.

It's so hard to speak Japanese like a native speaker.
원어민처럼 일본어를 구사하는 게 너무 힘들어.

• hard 힘든, 어려운

04 watch American TV series and movies
미국 TV 시리즈와 영화를 보다

I watch American TV series and movies to improve my listening skills.
듣기 실력을 향상시키기 위해 미국 TV 시리즈와 영화를 봐요.

I watch American TV series and movies as a way of learning English.
영어 배우는 방법으로 미국 TV 시리즈와 영화를 봐.

• improve 향상시키다
• as a way of ~의 방법으로

05 watch movies without any Korean subtitles
어떤 한국어 자막도 없이 영화를 보다

I always try to watch movies without any Korean subtitles.
어떤 한국어 자막도 없이 영화 보려고 항상 노력해.

When I stay home, I normally watch movies without any Korean subtitles.
집에 있을 때, 보통 어떤 한국어 자막도 없이 영화를 봐.

06 practice (English/Japanese/Chinese) every day
매일 (영어/일본어/중국어) 연습하다

I made up my mind to practice English every day.
매일 영어를 연습하려고 마음먹었어.

It's not that easy to practice Japanese every day.
매일 일본어를 연습하는 게 그렇게 쉽지는 않아요.

07 make mistakes when speaking foreign languages
외국어를 구사할 때 실수하다
make mistakes in English 영어로 실수하다

I make mistakes when speaking foreign languages.
난 외국어를 구사할 때 실수를 해요.

I'm worried about making mistakes in English.
영어로 실수할까 걱정돼.

08 have a lot of foreign friends 많은 외국 친구들이 있다
meet people from diverse countries
다양한 나라 출신의 사람들을 만나다

I have a lot of foreign friends.
난 많은 외국 친구들이 있어요.

When I was in New York last year, I met people from diverse countries.
작년에 뉴욕에 있었을 때, 다양한 나라 출신의 사람들을 만났어요.

단어

• always 항상
• stay home 집에 머무르다
• normally 대게, 보통은

• make up one's mind 결정하다
• easy 쉬운

• be worried about ~을 걱정하다

• last year 작년에

📣 단어

• once a day 하루에 한 번
• neighborhood 이웃

• useful 유용한
• informative 유익한

09 go to an(a) (English/Japanese) language school
(영어/일본어) 학원에 다니다

I go to an English language school once a day.

하루에 한 번 영어 학원에 가.

I go to a Japanese language school in my neighborhood.

동네 일본어 학원에 다녀.

10 watch YouTube video clips to learn foreign languages
외국어 배우기 위해 유튜브 동영상을 시청하다

I watch YouTube video clips on my smartphone to learn foreign languages.

외국어 배우기 위해 스마트폰으로 유튜브 동영상을 시청해.

It's useful and informative to watch YouTube video clips to learn foreign languages.

외국어 배우기 위해 유튜브 동영상 시청하는 건 유용하고 유익해요.

UNIT
04

Theme

: 테마 영어 4

t_ 13.mp3

A Are you a morning person or an evening person?

B I'm an evening person. I *sleep in* every day. That's why it's so hard for me to get up early in the mornings.

A Really? Then how many hours a day do you sleep?

B When I was little, I used to *sleep less than 8 hours a day*. However, as I'm getting older, I *sleep more than 8 hours a day*. I think I really love
get older 나이가 들어가다
sleeping. But sometimes I *have some trouble sleeping* because I *have*
가끔은
insomnia. What about you? I mean, how many hours a day do you sleep?

A I normally sleep less than 7 hours a day.

B I see. By the way, *are* you *a heavy sleeper* or *a light sleeper*?

A I think I*'m a heavy sleeper*. And you?

B Same here.

A 아침형 인간인가요? 저녁형 인간인가요?

B 전 저녁형 인간이에요. 매일 *늦게까지 자거든요*. 그래서 내가 아침마다 일찍 일어나는 게 정말 힘들어요.

A 정말요? 그러면 하루에 몇 시간 주무세요?

B 어렸을 때는, *하루에 8시간 이하로 자곤 했어요.* 하지만, 나이가 들어가면서, *하루에 8시간 이상 잡니다.* 저는 정말 자는 게 좋은 것 같아요. 그러나 때로는 *불면증이 있기* 때문에 *잠자는 데 어려움이 좀 있어요.* 당신은요? 제 말은, 하루에 몇 시간 정도 주무시죠?

A 보통 하루에 7시간 이후로 잡니다.

B 그렇군요. 그런데 말이에요, *잠귀가 어두운가요,* 아니면 *밝은가요?*

A 전 *잠귀가 어두운* 것 같아요. 당신은요?

B 저도 마찬가지예요.

01 **have a good sleep** 잘 자다
sleep well 잘 자다
can't sleep a wink 한숨도 잘 수 없다

- last night 지난밤에

I had a good sleep last night.

지난밤에 잘 잤어.

I couldn't sleep a wink last night.

지난밤에 한숨도 못 잤어요.

02 **have some trouble sleeping** 자는데 좀 어려움이 있다
have insomnia 불면증이 있다

- these days 요즘에
- high school 고등학교

I have some trouble sleeping these days.

요즘 자는 데 좀 어려움이 있어.

I had insomnia when I was in high school.

고등학교 다녔을 때 난 불면증이 있었어.

03 **stay up all night** 밤새다
stay up late 늦게 자다
do something all night 밤새도록 뭔가를 하다

- study 공부하다
- exam 시험
- from time to time 가끔은

I stayed up all night to study for an exam yesterday.

어제 시험 공부한다고 밤새웠어.

I have to do something all night from time to time.

가끔은 밤새도록 뭔가를 해야 돼.

04 **sleep at least 8 hours a day** 하루에 적어도 8시간 자다
sleep (more than/less than) 8 hours a day
하루에 8시간 (이상/이하) 자다

- no longer
  더 이상 ~이 아닌

I sleep at least 8 hours a day.

하루에 적어도 8시간은 자.

I no longer sleep less than 8 hours a day.

난 더 이상 하루에 8시간 이하로는 안 자.

05 **be a heavy sleeper** 잠귀가 어둡다
be a light sleeper 잠귀가 밝다

I think I'm a heavy sleeper.
난 잠귀가 어두운 것 같아요.

It looks like I'm a light sleeper.
난 잠귀가 밝은 것 같아요.

06 **talk in one's sleep** 잠꼬대하다
talk while asleep 잠꼬대하다

I talk while asleep quite often.
자주 잠꼬대를 해요.

I no longer talk while asleep.
난 더 이상 잠꼬대를 하지 않아.

07 **sleep in** 늦잠자다
oversleep 늦잠자다
sleep late 늦게까지 자다, 늦게 일어나다

I slept in yesterday morning.
어제 아침에 늦잠 잤어.

I don't want to sleep late.
난 늦게까지 자고 싶지 않아요.

08 **go to bed** 잠자리에 들다, 취침하다
fall asleep 잠이 들다
doze off (꾸벅꾸벅) 졸다

It's time to go to bed.
잠자리에 들 시간이네.

I dozed off in my office.
내 사무실에서 꾸벅꾸벅 졸았어.

💬 단어

• think
생각하다, ~인 것 같다

• quite often 꽤 자주

• yesterday morning
어제 아침에

• office 사무실

09 **get some sleep** 잠 좀 자다
have a sleepless night 잠 못 이루는 밤을 보내다
toss and turn all night 밤새 뒤척이다
take a nap 낮잠 자다

I had a sleepless night yesterday.
어제 잠 못 이루는 밤을 보냈어요.

I tossed and turned all night.
밤새 뒤척였어.

10 **sleep like a log** 푹 자다, 숙면하다
sleep like a baby (아기처럼) 곤히 자다, 푹 자다

I slept like a baby yesterday.
어제 푹 잤어.

I really want to sleep like a log.
정말 푹 자고 싶어요.

🗨 단어

• yesterday 어제

• really 정말로

268 - 269

14 음주

A Do you like *drink*ing?

B Of course, I do. I really love *drink*ing.

A Then who do you *drink* with?

B I *love drinking alone*. However, when I <u>get off work</u>, I *have a drink* with
　퇴근하다
some friends or co-workers <u>from time to time</u>.
　　　　　　　　　　　　　　가끔은

A How <u>frequently</u> do you *drink*?
　　빈번히, 자주

B I think I *drink* three times a week on average. When I'm stressed out, I
usually *drink to beat my stress*. I <u>tend to</u> *drink like a fish*. Last night, I
　　　　　　　　　　　　　　　~하는 경향이 있다
drank too much, that's why I *had a little hangover* this morning. I think I
really need to *cut down on* my *drinking*.

A I feel the same way. You see, too much drinking is <u>harmful</u> for your
　　　　　　　　　　　　　　　　　　　　　　　　　해로운
<u>health</u>.
건강에

B I know, but it's easier said than done.

A 술 마시는 거 좋아해요.

B 물론이죠. 술 마시는 거 아주 좋아해요.

A 그러면 누구랑 술 마셔요?

B 혼자 술 마시는 걸 정말 좋아해요. 하지만, 퇴근할 때는, 가끔은 친구들이나 직장동료들과 술 한 잔 하죠.

A 얼마나 술 마셔요?

B 평균적으로 일주일에 세 번 술 마시는 것 같아요. 스트레스 받을 때는, 보통 스트레스 풀려고 술 마셔요.
폭음하는 경향이 있죠. 지난밤에는, 너무 많이 술 마셔서 그런지 오늘 아침에 숙취가 좀 있었어요. 정말로
술마시는 걸 줄여야겠어요.

A 저도 그렇게 느껴요. 알다시피, 너무 지나친 음주는 건강에 해롭잖아요.

B 저도 알아요, 하지만 말이야 쉽죠.

01 drink too much 너무 많이 술 마시다
drink like a fish 폭음하다, 술고래이다

I drank too much last night.

지난밤에 너무 많이 술 마셨어.

Do you think I drink like a fish?

내가 폭음한다고 생각하는 거야?

• last night 지난밤에

02 drink to beat one's stress 스트레스 풀려고 술 마시다

I like drinking to beat my stress.

스트레스 풀려고 술 마시는 걸 좋아해요.

When I get stressed out, I drink to beat my stress.

스트레스를 받을 때, 스트레스 풀려고 술 마셔요.

• get stressed out
스트레스를 받다

03 feel sick 속이 좋지 않아 토할 것 같다
throw up 토하다

I need to go to the restroom. I feel sick.

화장실에 가야 돼. 토할 것 같단 말이야.

I drank a lot today. I'm going to throw up.

오늘 술 많이 마셨어. 토할 것 같아.

• restroom 화장실

04 have a little hangover 숙취가 좀 있다

I had a little hangover this morning.

오늘 아침에 숙취가 좀 있었어.

I seem to have a little hangover today.

오늘 숙취가 좀 있는 것 같아.

• this morning 오늘 아침에

05 don't touch liquor 술을 입에도 못 대다
don't drink even a drop 술 한 모금도 못 마시다

I don't touch liquor. I mean, I don't drink.

술을 입에도 못 대. 술 못 마신단 말이야.

I don't drink even a drop.

난 술 한 모금도 못 마셔.

06 go another round 2차 가다

Let's go another round. What do you say?

2차 갑시다. 어때요?

Why don't we go another round? It's on me.

우리 2차 가는 게 어떨까? 내가 살게.

07 drink you under the table 당신보다 술이 세다
drink more than you do 당신보다는 술을 더 마시다

I bet that I can drink you under the table.

장담하건데 내가 너보다는 술이 세.

I think I drink more than you do.

너보다는 술을 더 마시는 것 같아.

08 love drinking alone 혼자 술 마시는 걸 정말 좋아하다
love drinking with ~와 술 마시는 걸 너무 좋아하다

I love drinking alone at home.

집에서 혼자 술 마시는 걸 너무 좋아해요.

I love drinking with my co-workers after work.

퇴근 후에 직장 동료들과 술 마시는 걸 너무 좋아해.

💬 단어

• mean 의미하다

• Why don't we~?
  우리 ~하는 게 어때요?

• bet
  ~이 틀림없다(분명하다),
  내기하다

• at home 집에서
• co-worker 직장 동료
• after work 퇴근 후에

09 drink (술) 마시다
have a drink 술 한 잔 하다
cut down on drinking 술 줄이다

I don't drink.

난 술 못 마셔.

I made up my mind to cut down on drinking.

술을 줄이기로 마음먹었어요.

단어
- make up one's mind
결심하다

10 drink at least (once/twice/three times) a week
적어도 일주일에 (한 번/두 번/세 번) 술 마시다

I drink at least twice a week on average.

평균적으로 일주일에 적어도 두 번은 술 마셔.

I drink at least three times a week. I love drinking.

난 일주일에 적어도 세 번은 술 마셔. 술 마시는 걸 너무 좋아해.

- on average 평균적으로

15 대중교통

t_ 15.mp3

A Do you *use public transportation*?

B Absolutely.
절대적으로, 완전히

A How often do you *use public transportation*?

B I normally *take the subway* to get to work from Monday to Friday.
보통

A I see. Then what do you think about *using public transportation*?

B I think *using public transportation* is better than *driving my own car*. If I *use public transportation*, I can save a lot of time and also I don't need
save time 시간을 절약하다
to be worried about *get*ting *caught in a traffic jam* on the way to my
~에 대해 걱정하다
destination.
목적지

A And what else?

B I think it's very convenient and safe to use public transportation,
편리한
especially in big cities.
특히

A 대중교통 이용해?

B 물론이지.

A 얼마나 자주 대중교통을 이용해?

B 보통 월요일부터 금요일까지 지하철을 타고 출근해.

A 그렇구나. 그러면 대중교통을 이용하는 것을 어떻게 생각해?

B 대중교통을 이용하는 것은 내 차를 운전하는 것보다 나은 것 같아. 만약 내가 대중교통을 이용하면, 많은 시간을 아낄 수 있고 또한 목적지로 가는 길에 교통체증에 걸릴까 염려할 필요가 없거든.

A 그밖에 또?

B 특히 큰 도시들에서, 대중교통을 이용하는 것은 매우 편리하고 안전한 것 같아.

01 use public transportation 대중교통을 이용하다

I use public transportation to get around.

난 대중교통을 이용해서 이동해요.

It's so convenient to use public transportation.

대중교통을 이용하는 게 너무 편해요.

단어
- get around 우회하다
- convenient 편리한

02 take the (bus/subway/train) (버스/지하철/기차) 타다

I always have to take the bus to leave for work.

항상 직장으로 나서기 위해 버스 타야만 해요.

When I leave the office, I take the subway to get back home.

퇴근할 때, 지하철을 타고 집으로 돌아와요.

- leave for work 출근하다
- leave the office 퇴근하다
- get back home
  집으로 돌아가다

03 drive my own car 내 차를 운전하다

I drive my own car to get to work every morning.

매일 아침 출근하려고 내 차를 운전해.

I drive my own car to and from work.

차를 운전하면서 출퇴근 해요.

- get to work 출근하다

04 get a driver's license 운전면허를 따다

I got a driver's license a couple of days ago.

며칠 전에 운전면허를 땄어.

It is my dream to get a driver's license.

운전면허증을 따는 게 내 꿈이야.

- a couple of days ago
  며칠 전에
- dream 꿈

05 use the bullet train called the KTX
KTX라는 고속열차를 타다

I often use the bullet train called the KTX.
종종 KTX라는 고속열차를 타요.

When I went to Busan, I used the bullet train called the KTX.
어제 부산에 갔을 때, KTX라는 고속열차를 탔어.

06 travel on a plane 비행기로 여행하다

I travel on a plane at least twice a year.
적어도 일 년에 두 번 비행기로 여행해.

It's a little boring to travel on a plane.
비행기로 여행하는 것은 좀 지루해요.

07 get caught up in traffic 교통 체증에 걸리다
get caught in a traffic jam 교통 체증에 걸리다
get stuck in traffic 교통 체증으로 꼼짝 못하다

I got caught in a traffic jam this morning.
오늘 아침에 교통 체증에 걸렸어.

On my way here, I got stuck in traffic.
여기 오는 길에, 교통 체증으로 꼼짝 할 수 없었어.

08 get a flat tire 타이어가 펑크나다

I got a flat tire on my way home.
집에 가는 길에 타이어가 펑크가 났어.

I got a flat tire while driving.
운전하고 있었을 때 타이어가 펑크 났어요.

💬 단어

• often 종종, 자주

• at least 적어도
• a little boring 좀 지루한

• this morning 오늘 아침에
• on one's way here
  이곳에 오는 길에

• on one's way home
  집에 가는 길에

09 have a car accident
교통사고가 나다, 교통사고를 당하다, 차 사고가 나다

I had a car accident a couple of hours ago.

몇 시간 전에 차 사고가 났어.

Normally, I drive carefully so as not to have a car accident.

평소에, 차 사고 나면 안 되니까 조심해서 운전해.

10 be sick and tired of driving 운전하는 게 지겹다

I'm really sick and tired of driving.

운전하는 게 정말 지겨워요.

I'm really getting sick and tired of driving during rush hour.

출퇴근 때 운전하는 게 정말 지겨워지고 있어요.

🔊 단어

• normally 대게, 보통은
• drive carefully
  조심해서 운전하다

• really 정말
• during rush hour
  출퇴근 시간에

16 외식

A Do you *go out for dinner* with your family?

B Yes, I do.

A How many times a week do you *eat out* with your family?

B I *normally enjoy eating out with my family on weekends*. When I *go out for dinner* with my family, I usually *spend a lot of money on* food.
   대개, 보통은   -에 돈을 많이 쓰다

A Does your wife like *eating out as well*?
   역시

B Of course. *Honestly*, she and I *prefer eating out to ordering in*. We try to
   솔직하게
   eat healthy food, because it's very *important* for our health. What about
   중요한
   you? How often do you *go out for dinner* with your family?

A That depends, but I try to do that *at least* once or twice a week.
   적어도

B Oh, I see.

A 당신 가족이랑 *저녁 먹으러 외출하*나요?

B 네.

A 일주일에 얼마나 자주 당신 가족과 *외식해*요?

B *보통* 주말에 가족과 외식하는 걸 즐겨요. 가족이랑 *저녁 외식하러 외출할* 때면, 늘 음식에 많은 돈을 쓰죠.

A 부인도 역시 *외식하*는 걸 좋아하나요?

B 물론이죠. 솔직히, 그녀와 저는 *음식을 시켜 먹는 것 보다 외식을 선호하죠*. 우리는 *건강에 좋은 음식을 먹으*려고 해요. 왜냐면 그게 우리 건강에 매우 중요하기 때문이에요. 당신은요? 얼마나 자주 가족이랑 *저녁 외식 해*요?

A 때에 따라 다른데요, 하지만 적어도 일주일에 한두 번은 외식하려고 해요.

B 오, 그렇군요.

01 **eat out** 외식하다
go out for (lunch/dinner) (점심/저녁) 외식하다

I eat out with my family at least once a week.
가족과 적어도 일주일에 한 번은 외식해.

I go out for dinner from time to time.
가끔 저녁 외식해요.

📣 단어

• at least 적어도
• from time to time
  종종, 가끔

02 **eat healthy food** 건강에 좋은 음식을 먹다

I eat healthy food for breakfast every day.
매일 아침 식사로 좋은 음식을 먹어요.

It's important to eat healthy food.
건강에 좋은 음식 먹는 게 중요해요.

• breakfast 아침
• important 중요한

03 **enjoy eating out with my family on weekends**
주말에 내 가족과 외식을 즐기다
like going out for dinner 저녁 먹으러 외출하는 걸 좋아하다

I enjoy eating out with my family on weekends.
주말에 가족과 외식을 즐겨요.

I like going out for dinner on weekends.
주말에 저녁 먹으러 외출하는 걸 좋아해.

• on weekends 주말에

04 **eat out quite often** 자주 외식하다
eat out less 덜 외식하다
eat out once or twice a month 한 달에 한두 번 외식하다

I eat out quite often.
자주 외식해.

I eat out at least once or twice a month.
한 달에 적어도 한두 번은 외식해요.

• at least 적어도

05 prefer eating out to ordering in
(음식을) 시켜 먹는 것 보다 외식하는 걸 선호하다

I prefer eating out to ordering in.
음식을 시켜 먹는 거보다 외식하는 걸 선호해요.

I think I really prefer eating out to ordering in.
정말 음식을 시켜 먹는 거보다 외식하는 걸 선호하는 것 같아.

06 spend a lot of money on food 음식에 돈을 많이 쓰다

I normally spend a lot of money on food.
난 보통 음식에 돈 많이 써요.

It looks like I spend a lot of money on food.
음식에 돈을 많이 쓰는 것 같아요.

07 be going to eat out with my family
내 가족이랑 외식할 것이다

I'm going to eat out with my family today.
오늘 가족이랑 외식할 거야.

I'm going to eat out with my family after getting off work.
퇴근 후에 가족이랑 외식할 거예요.

08 feel like eating out 외식하고 싶어지다

I feel like eating out with my girlfriend today.
여자 친구랑 오늘 외식하고 싶어요.

I don't feel like eating out anymore.
더 이상 외식하고 싶지 않아요.

📕 단어

• really 정말로

• normally 대게, 보통은

• get off work 퇴근하다

• girlfriend 여자 친구

09 **go out for a nice meal** 근사한 식사를 하기 위해 나가다
go out for some dinner once a week
일주일에 한 번 저녁 외식하다
go out to eat at a restaurant
레스토랑에서 식사하려고 외출하다
go out to eat dinner 저녁 먹으러 외출하다

• think
  생각하다, ~인 것 같다

I go out for some dinner once a week.

일주일에 한 번 저녁 외식해.

I think I should go out to eat dinner.

저녁 먹으러 외출하는 게 좋을 것 같아.

10 **have a meal** 식사하다
have a nice family dinner out 근사한 가족 외식을 하다
have something to eat 먹을 게 있다
have nothing to eat 먹을 게 없다
have no time to eat at home 집에서 식사할 시간이 없다

• together 함께

Let's have a meal together.

함께 식사합시다.

I have no time to eat at home today.

오늘은 집에서 식사할 시간이 없어.

UNIT
05

Theme

: 테마 영어 5

17 직장생활

A   What time do you usually get to work?

출근하다

B   I normally get to the office around 8:30 in the mornings.

A   Then what do you usually do at work in the mornings?

대게, 일반적으로

B   The first thing I do at work in the mornings is *have a conference call* or *do a video conference* with my important customers. And then I *have meetings* with my co-workers.

고객

co-worker 직장 동료

A   Do you have any foreign co-workers?

B   Of course. There are a lot of foreign co-workers and most of them are from the U.S.

A   Is it comfortable or uncomfortable to work with them?

편안한   불편한

B   Honestly, it makes me feel uncomfortable to work with them. That's because I'm not good at English.

be good at ~을 잘하다

A   보통 몇 시에 직장에 도착해요?

B   아침 8시 30분쯤에 사무실에 도착해요.

A   그러면 아침에 주로 회사에서 뭘 해요?

B   아침에 회사에서 제일 먼저 하는 일은 중요한 고객들과 *전화회의를 하거나 화상회의 하*는 겁니다. 그리고 나서 직장 동료들과 *미팅을 하*죠.

A   혹시 외국인 직장 동료들이 있나요?

B   물론이죠. 외국인 직장 동료들이 많고 그들 대부분이 미국에서 왔어요.

A   그들과 함께 일하는 게 편하세요, 아니면 불편하세요?

B   솔직히, 그들과 일하는 게 절 불편하게 만들어요. 제가 영어를 잘 못하기 때문이죠.

01 **have an important meeting** 중요한 미팅이 있다
have meetings 회의들이 있다
have a conference call 전화회의가 있다

I have a lot of meetings every day.

매일 많은 회의들이 있어요.

I have a conference call once a week.

일주일에 한 번 전화 회의가 있어요.

- a lot of 많은
- once a week
  일주일에 한 번

02 **give a presentation** 발표하다
make a presentation 발표하다
do a video conference 화상회의를 하다

I don't need to give a presentation on Friday.

금요일에 발표를 할 필요가 없어.

I do a video conference with my customers every day.

매일 고객들과 회상회의를 해요.

- on Friday 금요일에
- customer 고객

03 **work together with** ~와 함께 일하다
work with my foreign co-workers
외국 직장 동료들과 일하다
work hard 열심히 일하다

I try to work hard almost every day.

거의 매일 열심히 일하려고 해요.

It makes me feel uncomfortable to work with my foreign co-workers.

외국 직장 동료들과 일하는 게 날 불편하게 만들어요.

- almost 거의
- uncomfortable 불편한

04 | **work overtime** 야근하다
work late 야근하다
work at least 8 hours a day
하루에 적어도 8시간 근무하다

I think I need to work late today.
오늘은 야근해야 할 것 같아.

I work at least 8 hours a day.
하루에 적어도 8시간 근무해요.

· need to ~해야 한다

05 | **punch in** 출근하다
punch out 퇴근하다
leave the office 사무실을 떠나다, 퇴근하다
get off work 퇴근하다

I punch out after 7 p.m.
오후 7시 이후에 퇴근해요.

I normally leave the office on time.
보통 정시에 퇴근해요.

· normally 대게, 보통은
· on time 정시에

06 | **type on a keyboard** 키보드로 타이핑 치다
talk to ~ on the phone ~와 전화로 얘기하다
use a laptop or desktop computer
노트북이나 탁상용 컴퓨터를 사용하다
use the Internet 인터넷을 이용하다
use e-mails 이메일을 사용하다

I'm typing on a keyboard.
키보드로 타이핑 치고 있는 중이야.

I'm talking to my customer on the phone.
전화로 고객과 얘기중이에요.

· customer 고객

07 **work at a travel agency** 여행사에서 근무하다
work at a small company 작은 회사에서 근무하다
work in sales 영업부에 근무하다
work as an engineer 엔지니어로 일하다

I work at a travel agency.
여행사에서 근무해요.

I work as an engineer at a big company.
큰 회사에서 엔지니어로 일해요.

08 **listen to** 경청하다
focus on 집중하다

Please listen to me because I've been there.
제가 경험자니 제 말 잘 들으세요.

I need to focus on my new assignment.
내 새 임무에 집중해야 돼요.

09 **write (up) a report** 보고서를 작성하다
resolve urgent matters 급한 문제들을 해결하다
experience new things 새로운 것들을 경험하다

I have a report to write before punching out.
퇴근 전에 작성할 보고서가 있어요.

I experience new things while working here.
난 여기서 일하면서 새로운 것들을 경험해.

18 편의점

A I have some personal questions to ask you.
개인적인, 사적인

B What would you like to ask me about?

A Where do you usually go to have lunch?
점심을 먹다

B I normally *go to a convenience store*. When I *stop by a convenience store*, I usually *eat instant cup noodles* or *instant food* for lunch there.

A Does it taste good?

B It doesn't taste good, but it's very cheap. Sometimes, I *buy pre-cooked*
저렴한, 싼
meals for lunch. I think I like *eat*ing *instant food*. Do you like instant food?

A No, I don't like it that much. But from time to time, I eat instant noodles for lunch.

B In my case, I eat instant noodles for lunch at least three times a week.
라면을 먹다   적어도
I really love it.

A 개인적으로 묻고 싶은 질문들이 있어요.

B 저에게 뭘 묻고 싶은 거죠?

A 점심 먹으러 주로 어디 갑니까?

B 주로 편의점에 가요. 편의점에 들를 때면, 대게 그곳에서 점심으로 컵라면이나 인스턴트 음식을 먹어요.

A 맛있어요?

B 맛은 없지만, 가격이 너무 쌉니다. 때로는, 점심으로 조리된 음식을 사기도 하죠. 저는 인스턴트 음식 먹는걸 좋아하는 것 같아요. 인스턴트 음식 좋아하세요?

A 아니요, 그렇게 많이 좋아하지는 않아요. 하지만 가끔은, 점심으로 라면을 먹습니다.

B 제 경우에는, 일주일에 적어도 세 번은 점심으로 라면을 먹어요. 정말 좋아하거든요.

01 **buy instant noodles** 라면을 사다
buy instant cup noodles 컵라면 사다
buy instant rice product 즉석 밥 제품을 사다

I just came here to buy instant noodles.
그냥 라면 사러 온 거야.

On my way home, I bought instant cup noodles.
집에 오는 길에, 컵라면을 샀어.

02 **buy instant food** 인스턴트 음식을 사다
buy something to eat 먹을 것을 사다

I can't stop buying instant food late at night.
자꾸 밤늦게 인스턴트 음식을 사게 됩니다.

I need to buy something to eat from convenience stores.
편의점에서 먹을 것을 좀 사야 돼.

03 **buy some bottled water** 생수를 좀 사다
buy a bottle of water 물 한 병을 사다

I think it's better to buy some bottled water.
생수를 좀 사는 게 더 낫겠어.

Don't forget to buy a bottle of water.
물 한 병 사는 거 잊지 마.

04 **go to convenience stores** 편의점에 가다
stop by convenience stores 편의점에 들르다
drop by nearby convenience stores
근처 편의점에 들르다

I like going to convenience stores.
편의점에 가는 걸 좋아해요.

I dropped by a nearby convenience store on my way here.
여기 오는 길에 근처 편의점에 들렀어요.

🔲 단어

• on one's way home
집에 오는 길에

• can't stop –ing
자꾸 ~하게 되다
• late at night 밤늦게

• forget 잊다, 까먹다

• on one's way here
이곳에 오는 길에

05 **use the convenience stores** 편의점을 이용하다
use an ATM machine 현금 입출금기를 사용하다

I use the convenience stores in my neighborhood quite often.
우리 동네에 있는 편의점들을 꽤 자주 이용해요.

I often use an ATM machine at a convenience store.
종종 편의점에 있는 현금 입출금기를 사용해.

06 **grab a bite to eat** 간단하게 요기하다
want a quick bite 간단하게 뭔가를 먹고 싶다

Let's grab a bite to eat.
간단하게 요기나 합시다.

I want a quick bite.
간단하게 뭔가를 먹고 싶어.

07 **eat instant cup noodles** 컵라면을 먹다
eat instant food 인스턴트 음식을 먹다
eat a lot of instant food 많은 인스턴트 음식을 먹다

I ate instant cup noodles for lunch.
점심으로 컵라면을 먹었어요.

I think I need to cut down on eating instant food.
인스턴트 음식 먹는 걸 줄여야겠어.

08 **show one's ID card** 자신의 신분증을 보여주다
buy pre-cooked meals 조리된 음식을 사다

I had to show my ID card to buy alcoholic beverages.
주류를 구입하기 위해 내 신분증을 보여줘야 했어요.

I can buy pre-cooked meals that I can easily eat at home.
집에서 쉽게 먹을 수 있는 조리된 음식을 살 수 있다.

단어

• neighborhood 이웃, 동네
• quite often 꽤 자주
• convenience store 편의점

• Let's~ ~합시다

• for lunch 점심으로
• cut down on 줄이다

• alcoholic beverage 주류
• easily 쉽게

09 pay in cash 현금으로 계산하다
pay by credit card 신용카드로 결제하다
stand in line to pay 계산하려고 줄서다

I paid in cash.

현금으로 계산했어.

Can I pay by credit card?

카드로 결제해도 돼요?

📧 단어

• Can I~? ~해도 돼요?

19 다이어트

A Happy New Year!

B Happy New Year!

A What's your New Year's resolution?
결심

B My New Year's resolution is to *lose a lot of weight*. Honestly, I *failed to*
솔직하게
lose weight last year, because I liked *having late-night snacks* and I didn't
exercise at all.
운동하다

A I hear you.

B However, I made up my mind to *go on a strict diet* to *lose weight* on the
make up one's mind 결심하다
first day of the New Year. What about you, Mike?

A My New Year's resolution is to stay healthy, so I signed up for a yoga
건강을 유지하다   sign up for 등록하다
lesson yesterday.

B That's good.

A 새해 복 많이 받으세요!

B 새해 복 많이 받으세요!

A 새해 결심이 뭐예요?

B 새해 결심은 *살을 많이 빼*는 거예요. 사실은, 작년에 *살 빼*는 데 실패했거든요, *야식* 먹는 걸 좋아했고 운
동은 전혀 하지 않았기 때문이죠.

A 그렇군요.

B 하지만 새해 첫날에 *살 빼기* 위해 *엄격한 다이어트를 시작*하기로 결심했어요. 당신은요, 마이크?

A 제 새해 결심은 건강을 유지하는 거예요, 그래서 어제 요가 수업에 등록했어요.

B 그거 괜찮네요.

01 **go on a diet** 다이어트를 시작하다
go on a strict diet 엄격한 다이어트를 시작하다
be on a diet 다이어트를 하는 중이다

I'm thinking of going on a diet.
다이어트 할까 생각중이에요.

From now on, I will go on a strict diet.
이제부터, 엄격한 다이어트를 시작할 거야.

02 **watch one's weight** 체중 조절하다, 몸무게 신경 쓰다
limit oneself 절제하다

I think I have to watch my weight.
체중 조절을 해야 할 것 같아요.

I have been limiting myself for a long time.
오랫동안 절제하고 있었어요.

03 **skip meals** 끼니를 거르다
lose weight by skipping meals
끼니를 거르며 살을 빼다
have a balanced diet 균형 잡힌 식사를 하다

I lost weight by skipping meals.
끼니를 거르면 살 뺐어.

It's important to have a balanced diet.
균형 잡힌 식사를 하는 게 중요해요.

04 **lose weight** 살 빼다
get fat 살찌다

I really want to lose weight.
난 정말 살 빼고 싶어.

I don't want to get fat.
살찌고 싶지 않아요.

• from now on 이제부터

• for a long time 오랫동안

• important 중요한

• want to ~하고 싶다

05 **lose a lot of weight** 살을 많이 빼다
lose some weight 살을 좀 빼다
put on some weight 살이 좀 찌다
fail to lose weight 살 빼는 데 실패하다

I've lost a lot of weight recently.
최근에 살을 많이 뺏어.

I failed to lose weight again.
살 빼는 데 또 실패했어.

06 **be called the yo-yo effect** 요요 현상이라 불리다
give up eating meat 고기 먹는 걸 포기하다

This is called the yo-yo effect.
이건 요요 현상이라 불려요.

I gave up eating meat to lose weight.
살 빼려고 고기 먹는 걸 포기했어요.

07 **eat late at night** 늦은 밤에 먹다
have late-night snacks 야식을 먹다
have small portions of food 음식을 조금 먹다

I enjoy having late-night snacks.
난 야식 먹는 걸 즐겨.

I have small portions of food to lose weight.
살 빼려고 음식을 조금 먹어요.

08 **watch what I eat** 내가 먹는 것에 주의하다
avoid junk food 정크 푸드를 피하다

I always watch what I eat.
항상 내가 먹는 것에 신경 쓰고 있어.

I avoid junk food because I love eating healthy food.
건강에 좋은 음식 먹는 걸 너무 좋아하기에 정크 푸드를 피해.

📣 단어

• recently 최근에
• again 다시

• lose weight 살 빼다

• enjoy 즐기다
• lose weight 살 빼다

• always 항상
• healthy food 건강에 좋은

09 **cut down on fatty food** 살찌는 음식을 줄이다
cut down on coffee 커피를 줄이다

📘 단어

• be able to ~을 할 수 있다

I just started to cut down on fatty food.
막 살찌는 음식을 줄이기 시작했어요.

I'm afraid I won't be able to cut down on coffee.
커피를 줄일 수 없을 것 같아.

t_ 20.mp3

A What do you usually do on the Internet at home?
집에서

B It depends on the situation. I *surf the Internet* or find out about music or movies that I like on the Internet. However, I do online shopping
온라인 쇼핑을 하다
from time to time. It looks like I *use the Internet too much* nowadays.
가끔은
What about you? What do you do on the Internet?

A I play computer games or watch YouTube video clips on the Internet.
동영상

B Are you good at computer games on the Internet?
be good at ~을 잘하다

A You bet, I am. I think I'm gifted at computer games.
재주가 있다

B Well, I don't like playing computer games on the Internet.

A Why not?

B It's a waste of my precious time and energy.
귀중한

A 집에서 인터넷으로 주로 뭘 해요?

B 상황에 따라 달라요. *인터넷 검색을 하*거나 인터넷으로 좋아하는 음악이나 영화에 대해 알아봐요. 하지만, 가끔은 온라인 쇼핑을 하기도 하죠. 요즘 *너무 많이 인터넷을 사용하*는 것 같아요. 당신은요? 인터넷으로 뭘 해요?

A 인터넷으로 컴퓨터 게임을 하거나 유튜브 동영상을 봅니다.

B 인터넷으로 컴퓨터 게임 잘해요?

A 당연하죠. 전 컴퓨터 게임에 재능이 있는 것 같아요.

B 응, 인터넷으로 컴퓨터 게임하는 거 전 안 좋아해요.

A 왜죠?

B 제 귀중한 시간과 에너지 낭비거든요.

단어

01 **get a signal** 신호가 잡히다
get access to the Internet 인터넷에 접속하다

I can't get a signal here.
여기선 신호가 안 잡혀.

I can get access to the Internet on my smartphone.
스마트폰으로 인터넷 접속할 수 있어.

02 **get a wi-fi connection** 와이파이에 접속하다
access the web 웹에 접속하다

Let me show you how to get a wi-fi connection.
어떻게 와이파이에 접속하는지 알려줄게.

What should I do to access the web?
웹에 접속하려면 어떻게 해야 돼?

03 **surf the Internet** 인터넷 검색하다
have a bad connection 연결 상태가 나쁘다
have an Internet connection problem
인터넷 연결에 문제가 있다

I surf the Internet in my free time.
자유 시간에 인터넷 검색해.

I seem to have an Internet connection problem.
인터넷 연결에 문제가 있는 것 같아요.

04 **do searches online** 인터넷 검색하다
have wireless Internet 무선 인터넷이 되다
install a wireless router 무선 공유기 설치하다

It's fun and interesting to do searches online.
인터넷 검색하는 건 재밌고 흥미로워요.

I have wireless Internet at home.
집에 무선 인터넷이 됩니다.

- on one's smartphone
  스마트폰으로

- show 보여주다, 가르쳐주다

- in one's free time
  자유 시간에

- fun 재미있는
- interesting 흥미로운
- at home 집에서

05 **be so slow** 너무 느리다
lose the Internet connection 인터넷 연결이 끊기다

My Internet connection is so slow.
내 인터넷 연결이 너무 느려.

Sometimes, I lose the Internet connection.
가끔, 인터넷 연결이 끊겨.

• connection 연결
• sometimes 가끔

06 **pay for Internet access** 인터넷 접속 비용을 내다
pay for wi-fi 와이파이 비용을 내다
use the Internet too much 너무 많이 인터넷을 사용하다
use the Internet at work 직장에서 인터넷을 사용하다

I use the Internet too much these days.
요즘 너무 많이 인터넷을 사용해.

I use the Internet at work every day.
매일 직장에서 인터넷을 사용해요.

• these days 요즘

07 **use the Internet as a tool** 인터넷을 도구로 사용하다
use the Internet for various purposes
다양한 목적으로 인터넷을 사용하다
use online banking 온라인 뱅킹을 이용하다
use social media 소셜 미디어를 이용하다
do Internet banking 인터넷 뱅킹을 이용하다

I use online banking all the time.
난 항상 온라인 뱅킹을 이용해.

I don't know how to do Internet banking.
인터넷 뱅킹을 어떻게 하는지 몰라.

• all the time 항상

📢 단어

08 find out about ~ on the Internet
인터넷으로 ~에 대해 알아보다
look ~ up on the Internet 인터넷으로 ~을 찾아보다
connect on social media 소셜 미디어를 통해 접속하다

단어

• Let's ~ ~합시다

I looked it up on the Internet.

그걸 인터넷으로 찾아봤어.

Let's connect on social media.

소셜 미디어를 통해 접속합시다.

09 send ~ a friend request ~에게 친구 신청하다
leave a comment 댓글을 달다
be full of spam mail 스팸메일로 가득 차다

• every single day
하루도 빠짐없이

Please leave a comment on my post.

제 글에 댓글 남겨주세요.

My e-mail account is full of spam mail every single day.

내 이메일 계정은 하루도 빠짐없이 스팸메일로 가득 차.